Library of
Davidson College

*L'industria nella letteratura
italiana contemporanea*

STANFORD FRENCH AND ITALIAN STUDIES

editor

ALPHONSE JUILLAND

editorial board

ROBERT GREER COHN
RAYMOND D. GIRAUD
JOHN C. LAPP
PAULINE NEWMAN-GORDON

assistants to the editors

THOMAS HARCHARICK
LAURIE EDSON

volume II

ANMA LIBRI

L'INDUSTRIA NELLA LETTERATURA ITALIANA CONTEMPORANEA

MICHELE LEONE

1976
ANMA LIBRI

Stanford French and Italian Studies is a collection of scholarly publications devoted to the study of French and Italian literature and language, culture and civilization. Occasionally it will allow itself excursions into related Romance areas.

Stanford French and Italian Studies will publish books, monographs, and collections of articles centering around a common theme, and is open also to scholars associated with academic institutions other than Stanford.

The collection is published for the Department of French and Italian, Stanford University by Anma Libri.

© 1976 by ANMA LIBRI & Co.
P.O.Box 876, Saratoga, Calif. 95070
All rights reserved.
ISBN 0-915838-30-3

Printed in the United States of America.

PREMESSA

Scopo della presente indagine non è tanto di presentare un panorama completo del *romanzo industriale*, esaminando cioè ogni romanzo che rientrerebbe legittimamente in tale categoria, quanto di individuare, attraverso un campionario di opere dove sono sviluppati in maniera particolarmente esplicita, i temi più singolarmente significativi del fenomeno industriale, insieme alle sue molteplici conseguenze sull'odierna società post-bellica. In questa luce sono da spiegarsi sia l'esclusione di certi titoli che altrimenti avrebbero ogni diritto di figurare nella nostra rassegna, sia la maggiore attenzione critica che, nei singoli romanzi qui presi in esame, godono alcune specifiche problematiche su quella che ne è la più totale complessità tematica.

a David

INDICE

	Introduzione	9
I	L'INDUSTRIA COME CONTENUTO NARRATIVO	16
	1. Elémire Zolla, *Eclissi dell'intellettuale*: tra utopismo elitario e umanesimo libresco	17
	2. "Il Menabò 4", Elio Vittorini: l'operaio tra realtà e mito	24
	3. "Il Menabò 4", Gianni Scalia: l'industria come "nuova natura", e "l'autoalienazione industriale"	29
	4. Dall'artigiano all'operaio; il *mosaico* industriale; la prima letteratura industriale e l'emergenza politica del proletariato	31
	5. Émile Zola, *Germinal*: romanzo archetipo della narrativa industriale	34
	6. Ottiero Ottieri, *Donnarumma all'assalto* e Paolo Volponi, *Memoriale*: la fabbrica tra civiltà e alienazione	35
II	ESPERIMENTI DI SOCIETÀ IN TRE ROMANZI INDUSTRIALI	38
	1. Carlo Bernari, *Tre Operai*: l'insuccesso della rivolta individuale apolitica	38
	2. Silvio Micheli, *Tutta la verità*: lotta di classe ed epica proletaria (con alcune considerazioni sul populismo in M. Gorky e E. Vittorini)	50
	3. Giovanni Arpino, *Una nuvola d'ira*: due operai non fanno società	61
III	L'ALIENAZIONE COME MODUS VIVENDI	67
	1. L'alienazione marxista nella storia e nella letteratura otto-novecentesca	67
	2. Luciano Bianciardi, *L'integrazione*: l'industria culturale e l'intellettuale; *La vita agra*: l'individuo tra anarchia e nevrosi	74
	3. Giancarlo Buzzi, *L'amore mio italiano*: tragedia dell'intragicità	82

	4. Libero Bigiaretti, *Il Congresso*: l'amore come merce e le ragioni di mercato	85
	5. Italo Calvino, *Una nuvola di smog*: l'inquinamento come nuova realtà ambientale	89
	6. Lucio Mastronardi, *Il maestro di Vigevano*: l'industria tra benessere e perdizione	97
IV	IL ROMANZO INDUSTRIALE TRA DOCUMENTO E IMPEGNO. Ottiero Ottieri, *Tempi Stretti*	107
V	L'INDUSTRIA COME ANTI-UMANESIMO	120
	1. Paolo Volponi, *Memoriale*: la follia tra poesia e documento	120
	2. Giancarlo Buzzi, *Il Senatore*: la fabbrica tra perfezione ed impersonalità	130
	3. Goffredo Parise, *Il Padrone*: la reificazione come unica sopravvivenza	135
	Conclusione	149
	Bibliografia	151
	Indice dei nomi	155

INTRODUZIONE

> Diverse lingue, orribili favelle
> parole di dolore, accenti d'ira,
> voci alte e fioche, e suon di man con elle
> facevano un tumulto, il qual s'aggira
> sempre in quell'aura sanza tempo tinta,
> come la rena quando turbo spira.
>
> Dante Alighieri, *Inf.* III, 25-30

> Quel fragore. E le macchine, le trafile e calandre
> questi nomi per me presto di solo suono nel buio della mente,
> rumore che si somma a rumore e presto spavento per me
> straniero al grande moto e da questo agganciato.
>
> Vittorio Sereni, *Una visita in fabbrica*

> Finché degli uomini, o anche un solo uomo sulla terra, sia forzato a una simile esistenza, discorrere di libertà, e bellezza, e rivoluzione, è un'impostura.
>
> Elsa Morante, *La Storia*

Il termine *letteratura industriale*, con il quale si è voluto definire una certa produzione narrativa articolatasi principalmente negli anni del cosiddetto miracolo economico italiano, è un termine che qui si adotterà solo per meglio inquadrare la presente disamina in quelle che sono le coordinate temporali di un discorso che, data la sua incalcolabile importanza socio-etica, a nostro vedere ha diritto di priorità in ogni dibattito ideologico volto al perfezionamento degli odierni sistemi sociali in base ad una più umanistica distribuzione ed articolazione dei compiti e doveri contributivi che ognuno ha nei confronti della propria società.

Non intendiamo limitare i termini del presente lavoro rigorosamente ai margini temporali sopra accennati, anche se per la quantità di romanzi incentrati sul mondo della fabbrica registratasi in tale periodo esso vi occuperà di necessità una posizione abbastanza centrale, significativamente perché non c'è nulla nel contenuto di tali opere a distinguerle in maniera maggiormente discriminativa da romanzi composti in date che esulano da tale arco cronologico. Per questa ragione in particolare, ma non esclusivamente per questa, il metodo d'indagine che in questo studio verrà seguito terrà conto di un certo numero di romanzi visti tanto dalla prospettiva dei loro rispettivi valori artistici, quanto e soprattutto come riflessi di un più ampio discorso d'ordine sociologico.

I versi che abbiamo premesso a queste pagine, qualora se ne ignorasse l'origine dantesca, potrebbero benissimo essere stati ispirati dalla visione d'un interno di fabbrica; visione che ha senza dubbio il potere di cingere "d'orror la testa" a chi contempli l'angoscioso dramma umano che vi si svolge. E come tale, può dirsi tipica del modo in cui il mondo industriale è visto sia da parte di scrittori borghesi, la cui esperienza di fabbrica avviene a livelli tutt'altro che manuali (Paolo Volponi, Ottiero Ottieri, ecc.), sia di veri e propri proletari (Vincenzo Guerrazzi, Luigi Davì, ecc.), la cui conoscenza della realtà industriale è di prima mano. Per questo, se comune denominatore vi è tra i vari scrittori che in vario modo hanno diretto la loro attenzione al fenomeno industriale, esso sarà quel senso di raccapriccio che si insinua tra un rigo e l'altro delle descrizioni che essi ce ne danno.

L'ambiente industriale, per quanto negli ultimi anni fatto oggetto di tutto un ripensamento in termini socio-psicologici, rimane non di meno un luogo dove all'operaio viene quotidianamente usato violenza. Violenza che consiste nella brutale riduzione di quella mobilità (sia fisica che spirituale) cui, proprio in quanto uomo, egli ha un diritto ad un tempo naturale e morale, e nella sua strumentalizzazione in un processo economico-produttivistico che, sotto un profilo storico-umanitario più ampio, non può offrire una soluzione duratura ai più veri problemi che sono alla base del travaglio umano. Il discorso, già di per sé complicatissimo, si fa eticamente sempre più intricato e sconcertante allorché ci rendiamo conto che il tenore di vita raggiunto da vasti strati della società occidentale — tenore di vita, sebbene quasi esclusivamente d'ordine materiale, senz'altro invidiabile sotto infiniti punti di vista — è direttamente ascrivibile all'avvento di un sistema economico (nella fattispecie, il consumismo di massa) che solo la produzione di beni di consumo e la loro incessante moltiplicazione in definitiva potevano rendere possibile. Non è qui il caso di indagare la vera essenza di tali beni, di riproporre cioè la nota distinzione tra beni veri e fittizi, interessandoci piuttosto di porre l'accento sul largo favore di cui l'industria, insieme ai nuovi ed infinitamente più manipolabili schemi di valori da essa introdotti, ha goduto e, per molti versanti, gode tuttora.

Ovviamente non tutti sono acquiescenti di fronte alle implicazioni più drammatiche dell'industria, limitandosi semmai a trarne degli immediati profitti materiali; molti, e in particolare gli *umanisti* (coloro cioè che militano per il ripristino di quella che è la più vera dimensione umana), che si trovano ad occupare posizioni di rilievo all'interno dell'organizzazione industriale, si sentono travagliati da una pungente inquietudine per il carattere dualistico (donde la maggiore difficoltà a debellarlo) che essi a ragione scorgono alla base dell'*establishment* tecnocratico-industriale. In una poesia di Vittorio Sereni, sintomaticamente intitolata *Una visita in fabbrica*,[1] si coglie in agevole sintesi quello che può definirsi l'impaccio morale di chi sa afferrare i precisi limiti delle bucoliche apparenze esterne ("molli prati e stillanti aiuole") dietro cui l'industria tenta di nascondere il suo vero volto:

> II. La potenza di che inviti si cerchia
> che lusinghe: di piste di campi di gioco
> di molli prati di stillanti aiuole
> e persino fiorirvi, cuore estivo, può superba la rosa.
> Sfiora torrette, ora, passerelle
> la visita da poco cominciata: s'imbuca in un fragore
> come di sottoterra, che pure ha regola e centro
> e qualcuno t'illustra. Che cos'è
> un ciclo di lavorazione? Un cottimo
> cos'è? Quel fragore. E le macchine, le trafile e calandre,
> questi nomi per me presto di solo suono nel buio della mente,
> rumore che si somma a rumore e presto spavento per me
> straniero al grande moto e da questo agganciato.

"Potenza" e "spavento", le parole chiave di questa impressione poetica della fabbrica, sono equipollenti nella misura in cui racchiudono le due sensazioni, opposte eppure legate fra loro in un rapporto di stretta interazione emotivo-morale, che formano la paura del poeta, il quale teme che l'incanto delle sirene industriali (le cui voci parlano di prestigio, benessere, sicurezza socio-economica, di potenza appunto) possano far ristagnare sul fondo della sua coscienza, ed ivi acquietarsi per sempre, ogni giusto istinto di ribellione.

Sintomatica del carattere elusivo del nostro tema è la possibilità del suo inopinato apparire in romanzi, quale *La Storia* di Elsa Morante, dove solo nella maniera più incidentale sono presenti allusioni al mondo industriale. Constatazione questa, che stabilisce subito le coordinate, di necessità poco rigide, della presente indagine, al tempo stesso che dissuade da ogni tentativo che mirasse a sistemare il nostro assunto secondo schemi di una certa normatività; a farlo rientrare cioè entro le pareti ben distinte di un preteso genere letterario.

[1] Fa parte della raccolta *Gli strumenti umani*, Einaudi, Torino 1965.

La Morante, ovviamente tutt'altro che insensibile a quella che in senso lato può dirsi la problematica proletaria, nelle poche pagine che del suo voluminoso libro essa vi dedica, incentra il suo discorso sul ruolo dell'operaio nella fabbrica in termini che presto tradiscono la sua intima sensibilità umanistica; sensibilità che nel romanzo ha la sua facilmente riconoscibile veicolazione nella figura dell'anarchico-intellettuale Davide Segre. La visione generale che emerge dalle constatazioni registrate dall'autrice durante il soggiorno industriale del suo personaggio è che la fabbrica è un luogo disadatto al genere umano; un luogo, pertanto, proprio in quanto innaturale all'uomo, che richiede da parte di quest'ultimo tutta una serie di adeguamenti (si legga pure autorepressioni) allo scopo di sopravvivere in un ambiente così diametralmente opposto a ogni suo più genuino bisogno umano.

Adoperando un tema mutuato dal repertorio antropologico (il vomito come segno di superamento di una particolare fase vitale nel processo evolutivo dell'individuo), la Morante rifiuta, nei termini più categorici ed espliciti, l'esperienza industriale, in base all'istintiva incapacità dell'organismo umano di adattarvisi armoniosamente:

> Fino dalla prima sera, al momento di ritirarsi, l'effetto della sua giornata lavorativa, su Davide Segre, era stato di fargli rivomitare — là, non appena messo piede nella sua stanzuccia — tutto il poco cibo che aveva mangiato . . .[2]

E tale reazione lo accompagna durante tutto l'arco, per quanto breve, del suo tirocinio industriale:

> Una **certezza** fisica, quasi un grido delle sue viscere, lo avvertiva che forse nessuna volontà gli sarebbe servita invece contro un altro stimolo: quello di **vomitare**! Sentiva, insomma, che non appena si ritrovasse al suo posto, intento a contare i pezzi e a rimangiarsi gli altri stimoli, quel famoso dannato vomito, che di solito gli veniva alla sera, gli si sarebbe rovesciato là, in pieno giorno, e nel pieno della sua funzione! svergognandolo, come un pupo, alla presenza di tutti![3]

Non è il vomito da parte del personaggio morantiano a simboleggiare il suo rifiuto dell'industria, sibbene l'incessante ed irrefrenabile ripetersi di tale reazione fisica a significare la sua resistenza a un mondo, a un *modus vivendi*, che lo offende intimamente. Né la reazione del personaggio è da vedersi alla luce della sua estrazione borghese, né del suo zelo missionario volto a

---

[2] Elsa Morante, *La Storia*, Einaudi, Torino 1974, p. 415.
[3] Ivi, p. 421.

scrivere l'infamia dell'esperienza operaia non sulla carta, ma sul proprio corpo, come un testo sanguinoso! nel quale la sua **idea** si renderebbe vivente, per esclamare la Rivoluzione e liberare il mondo!!⁴

ma piuttosto come indicazione di una generale impossibilità di poter stabilire un sano rapporto di lavoro nel clima industriale.

Come siamo avvertiti dal titolo stesso del romanzo, la storia (intesa non come evoluzione quanto come ripetizione all'infinito di un intrecciarsi di gesti e rapporti, a loro volta riproducenti dei precisi archetipi) è manzoniamente indagata non già dalla prospettiva dei grandi avvenimenti in sé, ma come essi influiscono sul quotidiano esistere dell'uomo comune. Per la Morante, questa storia registra, nel Novecento bellico-industriale, uno dei suoi periodi più squallidamente antiumani. In questa luce, se l'esperienza operaia di Davide Segre può iscriversi nel segno di una prova personale in chiave ritualistica ("Davide si sentiva preparato, anzi l'affrontava impavido, come un miliziano d'ultima leva impaziente di provarsi al *battesimo di fuoco*"), ed articolarsi perciò in una dimensione quasi metastorica, primordiale, l'ambiente materiale in cui lo introducono le sue idealità etico-perfezionistiche si sottrae crudamente al senso di atemporatilà che solo, sembra inferire la Morante, poteva giustificare il suo sacrificio:

qua dentro [nella fabbrica], gli uomini . . . non si potevano nemmeno contare a *anime*, come usava ancora ai tempi della gleba.⁵

Nel passaggio storico da un'epoca a un'altra, la condizione umana, qui cifrata nel settore operaio, più che essere retrocessa a un presunto *prius* storico, dove per altro essa sarebbe stata estremamente infelice e vilipesa, viene come avulsa brutalmente dai processi della storia stessa e raggelata a un meccanico e limitante ritmo di vita-lavoro che finisce per succhiare l'uomo fuori dal tempo e dallo spazio, allo stesso modo che un carcerato può dirsi esistere fuori del tempo storico e materiale.

Il suo soggiorno in fabbrica, infatti, permette al protagonista di effettuare una ricognizione nel settore industriale, focalizzando in particolare sul rapporto uomo-macchina nonché sulle conseguenze che, in virtù di tale rapporto, derivano agli operai, i quali vivono

Al servizio delle macchine, le quali, coi propri corpi eccessivi, sequestravano e quasi ingoiavano i loro piccoli corpi, essi si riducevano a frammenti di una materia a buon mercato, che si distingueva dal ferrame del macchinario

---

⁴ Ivi, pp. 415-416.
⁵ Ivi, p. 413.

solo per la sua povera fragilità e capacità di soffrire. L'organismo frenetico e ferreo che li asserviva, non meno che lo stesso fine diretto della funzione loro propria, per essi restava un enigma senza senso. A loro, infatti, non si davano spiegazioni, e loro stessi, d'altra parte, non ne chiedevano, sapendole inutili. Anzi, per il massimo rendimento materiale (che era tutto quanto a loro si domandava, imponendosi come un patto di vita-morte) la loro unica difesa era l'ottusità, fino a inebetirsi. La loro legge quotidiana era la necessità estrema della sopravvivenza.[6]

La descrizione morantiana si articola in ossequio alle più note stereotipie sull'argomento; eppure va rilevato che l'autrice maneggia con notevole abilità quelli che sono, ed in fondo sono sempre stati, i principali capi di accusa che gli umanisti sogliono muovere all'indirizzo del lavoro meccanizzato industrialmente e ritmato su una scala di produttivismo assoluto. La validità del quadro che la Morante ci offre del panorama industriale, e che in certa misura lo distacca da tanti altri e più espliciti cimenti di analoga narrativa, è dovuto in parte anche ad una sicura elaborazione del suo materiale in chiave mito-antropologica: impostazione del resto che ricorda quella dei primi scrittori e poeti ottocenteschi, che seppero prontamente individuare nella componente industriale tutti i lati esiziali — antiumani — che in essa erano impliciti, secondo cui la macchina è vista come un orco, e gli operai come vittime che in continua e quotidiana copia ne vengono fagocitate. Posto innanzi alle dimensioni sopraffattorie di una condizione lavorativa che non consente la pur minima partecipazione umana, l'operaio è costretto a compiere l'unico sacrificio atto a permettergli di *sopravvivere*, ancorché signifchi autodegradarsi a un livello d'esistenza quasi materiale, in un tale ambiente: quello cioè dell'autodesensibilizzazione. La volontaria e consapevole riduzione delle proprie qualità umane, infatti, è un vero e proprio *leitmotiv* di questo tipo di narrativa, e che tocca le sue punte più desolanti in un romanzo come Il Padrone di Goffredo Parise, dove il protagonista imposta la sua vita in termini di un chiaro e coerente programma di autoreificazione. La condanna umanistica del mondo della macchina è recisa ed assoluta: il lavoro meccanizzato abbrutisce l'uomo nella misura in cui infirma, riducendone le capacità percettive, le sue più alte qualità. È da aggiungere, inoltre, che tale condanna umanistica, e l'esempio di Elémire Zolla è assai significativo, raramente si delinea secondo un preciso e ben articolato programma ideologico, forse soprattutto perché se le varie politiche ufficiali riescono ad arrivare a dei compromessi con l'industria (e in questo senso le innumeri rivendicazioni ottenute nell'ambito del sin-

[6] Ivi, p. 413.

dacalismo sono particolarmente indicative), l'umanista esclude *a priori* che l'uomo vi si possa trovare bene.

Con pochissime eccezioni, per quasi tutti gli scrittori *industriali* (e la Morante con le sue circa sei pagine sull'argomento acquista diritto di cittadinanza fra quest'ultimi), essere in fabbrica è come

> trovarsi in un reclusorio dove la regola fissa sia la cella di rigore: e dove, inoltre, a ciascuno dei segregati il minimo necessario per la sopravvivenza sia dato a prezzo di ruotare senza riposo, e al numero estremo dei giri, intorno a un punto di supplizio incomprensibile.[7]

Solo la rievocazione e il riadattamento del mito di Sisifo, cui la Morante intelligentemente affida l'impatto principale del suo discorso, potevano farci penetrare nel vivo di una condizione di vita che in verità non è vita, di un'esistenza, cioè, che è la più lontana possibile da quella cui l'uomo, in base a una tradizione plurimillenaria, può credersi legittimamente destinato.

[7] Ivi, p. 414.

I
L'INDUSTRIA COME CONTENUTO NARRATIVO

A livello saggistico le discussioni più approfondite sui rapporti intercorrenti fra industria, società e letteratura sono contenute principalmente in due pubblicazioni: *Eclissi dell'intellettuale* di Elémire Zolla (Bompiani, 1959),[1] e il numero quattro della rivista "Il Menabò", in quel periodo sotto la co-direzione di Elio Vittorini e Italo Calvino. In maniera diversa dal libro zolliano, "Il Menabò", dedicato com'è interamente all'argomento *Industria e letteratura*,[2] testimonia il maturarsi di una consapevolezza, fino ad allora in gran parte inesistente presso i *letterati*, del fenomeno industriale e del suo costituire, oltre a un nuovo campo da esplorare (e in certi casi anche da sfruttare, vuoi in senso narrativo vuoi politico), una delle principali fucine dove in larga misura vengono forgiati i gusti, la sensibilità e perfino l'eticità dell'uomo moderno. È di fronte a una tale constatazione che, come vedremo in maniera più circonstanziata, la posizione zolliana e quella che si può chiamare vittoriniana (poiché i vari interventi su "Il Menabò 4" sono fondamentalmente in linea con la prospettiva portante stabilita dal Vittorini nel suo breve ma seminale saggio d'apertura) divergono pressoché diametralmente.

Accanto alla ricognizione, occasionata si può dire dalla quantità di *romanzi di fabbrica* apparsi nel quinquennio 1955-1960, che "Il Menabò 4" compie nel settore della narrativa industriale, vi si discerne il tentativo di atteggiarsi in maniera realistica nei riguardi dell'organizzazione industriale, e di valutarne gli effetti — positivi o negativi — prescindendo nettamente dalle frustrate recriminazioni di stampo arcadico-romantico con cui gli umanisti, come appunto lo Zolla, usano giudicare il fenomeno.

---

[1] I saggi dello Zolla in parte riprendono, sebbene notevolmente ampliate ed inserite in un contesto più organico, riflessioni già apparse su "Nuovi Argomenti", con il titolo di *Industria e letteratura*, n. 35-36, Nov. 1958-Febb. 1959, pp. 77-140.

[2] "Il Menabò", n. 4, Einaudi, Torino 1961. Di particolare interesse in questo numero sono il breve articolo d'apertura di Elio Vittorini, l'intervento di Gianni Scalia (*Dalla Natura all'industria*, ivi, pp. 95-114, e più tardi incorporato, senza modifiche e con lo stesso titolo, in *Critica, Letteratura, Ideologia 1958-1963*, Marsilio Ed., Padova 1968, pp. 141-157), ed infine, per una assai completa rassegna dei principali scrittori *industriali*, l'articolo di Marco Forti, *Temi industriali della narrativa italiana*.

Nelle pagine de "Il Menabò 4" si nota altresí un genuino interesse di conoscere meglio l'operaio, di ricondurre cioè alle sue più obiettive dimensioni una figura ora fatta oggetto di un quasi totale agnosticismo, ora vista in una luce eroi-mitica, ma raramente sentita per quello che è: un uomo che come tutti gli altri, e sotto molti aspetti più degli altri, sopporta, con vario grado di rassegnazione, il peso della propria esistenza.

1. Elémire Zolla, *Eclissi dell'intellettuale*: tra utopismo elitario e umanesimo libresco

Già dalla rubrica sotto cui lo Zolla ha voluto raggruppare i suoi saggi, nei quali elementi di antropologia, di socio-psicologia e più comunemente di una moralisticheggiante *critique des moeurs contemporaines* si danno liberamente la mano nell'individuare le lacune più sconcertanti della civiltà tecnologico-consumistica, è chiaro quello che per il critico costituisce il maggior titolo di apprensione: nella fattispecie, la lenta ma inesorabile emarginazione (l'eclissi appunto) dell'uomo d'eccezione, dallo Zolla cifrato nella figura dell'intellettuale, e in quanto tale l'unico ad essere in grado di denunciare con infallibile giudizio gli imperanti disvalori cosí prontamente accettabili all'uomo massa. È nel terz'ultimo capitolo del suo libro, specificamente intitolato *Eclissi dell'intellettuale*, che l'autore tenta di definire quello che intende per intellettuale; categoria che si distingue per la sua "capacità di diagnosi . . . consentita dall'elasticità non specialistica dell'educazione, dalla possibilità di estraniarsi dal gioco dei sentimenti inculcati dall'interesse economico".[3] Il suo dichiarato rifiuto dell'accezione gramsciana del ruolo dell'intellettuale, che lo Zolla ricollega alla figura dell'intellettuale ecclesiastico per la rigidità degli schemi dottrinari entro cui ambedue si muoverebbero, finisce per accostarsi — nonostante egli cerchi di smentire un tale accostamento — più all'assenteismo socio-politico di tipo crociano, nella misura in cui l'unica attività che lo Zolla sembra riconoscere all'intellettuale è quella di ergersi a censore della diffusa componente antiumanistica implicita nella civiltà tecnologica:

> Preme smascherare il dolore o ansia o condizione inumana che l'attuale civiltà anestetizza, la repressione della personalità nella specializzazione, il senso di impotenza dinanzi all'apparato della produzione. È necessario soprattutto avvedersi (ciò che molti ancora ripugnano a fare) che la *civitas diaboli* non si avvale più soltanto delle vecchie armi dell'oscurantismo reazionario al dogmatismo ecclesiastico alla astrattezza terroristica

---
[3] Elémire Zolla, *Eclissi dell'intellettuale*, Bompiani, Milano 1959, p. 192.

rivoluzionaria, ma per la sua persecuzione fanatica della libertà e dell'uomo non ha più bisogno di chiedere soccorso a sofismi plausibili, ovvero a un'arma infida fra le sue mani poiché ormai dispone di un apparato industriale, un'Alcina che quietamente seduce le sue vittime sussurrando: "Io ammazzerò il vostro tempo".[4]

Nel rifiutare il ruolo attivo, in senso politico, che secondo la nota visione gramsciana incombe sull'intellettuale,

> Gramsci dapprima salutarmente fonde il tecnico o specialista con l'umanista, ma poi procede a far coincidere un tal tipo di intellettuale con la figura del dirigente politico, imponendogli l'esigenza di *mescolarsi attivamente* alla vita pratica, ovvero politica. In concreto si sa che ciò significa subordinazione alla linea generale del partito, e riconduce alla figura dell'intellettuale di tipo ecclesiastico. Tale il prezzo della riacquistata organicità del rapporto intellettuale-società: la perdita della libertà.[5]

è chiaro come il moralismo estetizzante dello Zolla, per poter continuare a spaziare nei cieli limpidi e liberi dell'oggettività pura, debba per forza limitarsi ad operare su un piano che, per quanto parallelo a quello concreto, reale, con quest'ultimo ha pochissimi punti di vera tangenza.

Interessantissimi i saggi dello Zolla, sebbene (come attesta la grande copia di riferimenti ad usi e costumi riscontrabili in paesi dove tecnologia e industria hanno radici storiche più profonde: nella fattispecie, Inghilterra e Stati Uniti) il quadro generale che ne emerge rispecchi condizioni di vita che solo in maniera assai indiretta, sempre che non trattisi di forme volutamente d'accatto, possono dirsi applicabili alla realtà italiana. Anzi, crediamo che il pensiero zolliano non sia spiegabile, nella sua totalità, se non alla luce del suo internazionalismo culturale ed esperienziale.

La tesi di Hanns Sachs sul perché il mondo classico, pur potendo, non optò per l'industrializzazione, che lo Zolla ripropone all'inizio della sua indagine, sebbene tenda a vedere il fenomeno in termini extra economici, può dirsi suggerita dall'enorme divario etico-psicologico che separa la cultura greco-romana da quella inglese sette-ottocentesca che dette l'avvio, con la cosiddetta rivoluzione industriale, a un nuovo modo di concepire il lavoro e, come conseguenza diretta, la vita stessa.[6] Come tale,

---

[4] Ivi, p. 198.
[5] Ivi, p. 181.
[6] "Perché al culmine del pensiero scientifico greco non nacque", si domanda il Sachs, "dalle conoscenze scientifiche che l'avrebbero permessa, una rivoluzione industriale, perché la scienza non diventò ancella dello spirito mercantile? Come mai l'isolata e disperata applicazione alla costruzione di specchi ustori non valse a sciogliere dalla purezza iniziatica la scienza?" La risposta, sempre del Sachs e riecheggiata dallo Zolla risiederebbe ne "l'atteggiamento psicologico dei greci, nel loro investimento narcisistico nel corpo, nel loro spontaneo rapporto erotico con la carne per cui non era dato il concepire uno sfruttamento

il pensiero del Sachs rientra in quella più vasta prospettiva sociologica, di cui il fondamentale studio di Max Weber *Die Protestantische Ethik und der Geist des Kapitalismus* è uno dei frutti più precipui e maturi, la quale mira ad attribuire la genesi dello spirito industriale all'etica puritanica. In questa luce, sarebbe stato l'atteggiamento etico-psicologico dei popoli protestanti del Sette-Ottocento, il cui mancato investimento narcisistico nel corpo ed il cui represso rapporto erotico con la carne, avrebbero non solo concepito, ma reso esistenzialmente indispensabile la creazione di un mondo utilitario. Secondo le ben note teorie del Weber, è proprio con il soffocamento di ogni pur genuino moto edonistico che il protestantesimo, insieme al valore di riscatto (anch'esso utilitario) insito nel rinnovato concetto del lavoro, può dirsi aver favorito, forse in maniera preponderante, la nascita del capitalismo industriale.[7] Punto di partenza, perciò, per qualsiasi discorso sulla più generale problematica industriale deve di necessità essere l'Inghilterra, e come in tale paese ne furono presto avvertite quelle particolari manifestazioni che, a ritmo sempre più serrato, diventeranno tipiche della società moderna. A ragione, pertanto, lo Zolla, appoggiandosi alle testimonianze poetiche contenute nell'antologia de Jeremy Warburg, *The Industrial Muse*,[8] individua nei primi poeti della rivoluzione industriale inglese le prime avvisaglie degli spiacevoli cambiamenti provocati fin dall'alba dell'èra industriale.[9] Sarà William Blake il

strumentale e di creare un mondo utilitario" (Cfr. E. Zolla, *Eclissi dell'intellettuale*, cit., p. 10; e Hanns Sachs, *The Delay of the Machine Age*, "Psychoanalytic Quarterly", 1943).

[7] Per più ampie ed approfondite discussioni sull'argomento rimandiamo ai seguenti studi fondamentali: Eduard Bernstein, *Sozialismus und Demokratie in der grossen englischen Revolution*, Stuttgart 1908; Max Weber, *Die protestantische Ethik und der Geist des Kapitalismus*, Krefeld 1928; e Ernst Troeltsch, *Die Soziallehren der christlichen Kirchen und Gruppen*, Tübingen 1923.

[8] Jeremy Warburg, *The Industrial Muse* (The Industrial Revolution in English Poetry), Oxford University Press, London 1958.

[9] Le prime voci di manifesta apprensione verso gli effetti deteriori dell'industrializzazione inglese sono quelle di Anna Seward (1747-1808) e di William Blake (1757-1827). Per ulteriori e più particolareggiate informazioni sulla reazione artigiana all'industrializzazione sette-ottocentesca in Inghilterra e problemi affini è utile la seguente bibliografia: E.J. Hobsbawm, *The Machine Breakers*, "Past and Present", vol. 1, Feb. 1952, e *The British Standard of Living 1790-1850*, "The Economic History Review", Second Series, vol. X, August 1957; F.O. Darvall, *Popular Disturbances and Public Order in Regency England*, Oxford Univ. Press, London 1934; Sidney and Beatrice Webb, *Industrial Democracy*, Longmans Green, London, Ed. 1920; Arnold Toynbee, *The Industrial Revolution*, Beacon Press, Boston 1962 (pubblicato originalmente nel 1884 con il titolo: *Lectures on the Industrial Revolution in England*); Maurice Dobb, *Studies in the Development of Capitalism*, International Publishers, New York 1947; G. von Schulze-Gaevernitz, *Social Peace: A Study of the Trade Union Movement in England*, C. Scribner's and Sons, New York 1893; e Warner Sombart, *Socialism and the Social Movement in the 19th Century*, New York and London 1898 (trad. ing. dell'orig. ted. *Sozialismus und soziale bewegung im 19. jahrhundert*, G. Fischer, Jena 1896).

primo a "divinare tutti gli orrori che si preparavano, a sentire la minaccia che pendeva sulla mano stessa dell'uomo, condannata dalla macchina a perdere la capacità di plasmare sul vivo la materia e di creare liberamente, in bellezza gli oggetti destinati all'uso quotidiano. Egli scorse il rapporto fra le macchine e la fisica newtoniana e la filosofia sensista e intuì la distruzione della bellezza che avrebbero portato le fabbriche, in un tempo in cui nella Londra dov'egli viveva non esistevano ancora industrie, confinate allora nelle valle del Lanchashire."[10] Oltre ai mali di carattere ecologico, quale la progressiva distruzione delle campagne per far posto alle fabbriche che con le loro fulligginose presenze deturpano il paesaggio e inquinano l'aria, il poeta romantico, di fronte all'industria, avverte presto un altro malessere che può dirsi particolarmente caratteristico dell'intellettuale di tutti i tempi. Più dello scempio del paesaggio, egli scorge nella sempre più tetra uniformità d'aspetto che assumono le città una minaccia al proprio individualismo. Lo Zolla, perciò, molto acutamente vede nella reviviscenza del mito del Medio Evo da parte dei poeti romantici un esplicito desiderio di ritornare a un'epoca ancora immune dagli effetti soverchiatori dell'industrialismo.[11]

Da queste considerazioni sulle origini storiche dell'industria, lo Zolla passa ad esaminare l'epoca moderna che egli vede massicciamente informata ai presupposti dell'etica produttivistica. Gli uomini, privati dei loro connotati individualizzanti, sono visti come componenti un enorme monolito sociale, donde il termine *uomo massa* per significare il carattere indifferenziato della vita moderna. È comprensibile come, a chi guardi la vita da una *turris eburnea*, come agli intellettuali accade spesso di fare, gli uomini possano apparire non come individui bensì come gruppi grigiamente uniformi, e perciò informi. Per avere una tale impressione, non occorre che assumere una prospettiva rilkiana; guardare cioè all'umanità dall'alto di una finestra, e seguirne il microbico movimento verso mete in apparenza vane ed insignificanti. Implicito, purtuttavia, in un tale atteggiamento è l'intimo desiderio di astrarsi da un'umanità su cui ci sentiamo incapaci di incidere, se non scendendo pienamente a patti con le sue leggi. All'intellettuale, messo di fronte alle esigenze (materiali) della vita, non resta che rifugiarsi, inorridito, nella "cameretta" della propria solitudine: la sua necessaria alienazione. Sul piano narrativo tale situazione psicologica è resa mirabilmente allorché lo sveviano Emilio, in *Senilità*, propone ad Angiolina di andare a stare, loro due soli, in cima ad una montagna, lontani dal mondo e dagli uomini. Lo scarso favore che la

---

[10] E. Zolla, *Eclissi dell'intellettuale*, cit., p. 11.
[11] Il fascino che l'Italia esercitò su un Keats, uno Shelley e un Byron non fu certo diminuito, agli occhi di questi poeti, dal fatto che l'Italia a quell'epoca non era un paese industrializzato.

proposta riscuote presso la bella popolana, quest'angelo terrestre, sottolinea il suo essere affatto in armonia con le ragioni materialistiche della vita, le quali non ammettono deviazioni né diluizioni di alcun genere.

Nessuno può negare che una delle leggi più fondamentali a governare l'industria neocapitalistica è senz'altro quella del consumo, visto come fine ultimo, ed anche unico, della produzione. Di qui deriva, e legittimamente, quel senso di perplessità che molti provano di fronte a una condizione che, a rigore di logica, costituisce un vero e proprio assurdo. Impostata in questi termini, l'unica soluzione plausibile risiederebbe nell'abolizione dell'industria; o, meno apocalitticamente, nella completa ristrutturazione dei sistemi economico-industriali. Di qui anche trae origine l'annoso discorso sulla creazione di bisogni fittizi, di cui sarebbe colpevole l'industria al fine di assicurarsi un mercato sempre più vasto.[12] Se è pur vero che esistono, creati da precise esigenze commerciali, bisogni artificiali, fittizi, è altrettanto vero che, nella mancanza di criteri normativi universalmente applicabili, determinare quali siano i veri bisogni dell'uomo diventa un'impresa veramente disperata. Ogni tentativo, inoltre, di stabilire una tale distinzione deve ritenersi necessariamente arbitrario. La liceità (relativa) dei bisogni umani, invece, crediamo sia intimamente determinata da esigenze prettamente socio-ambientali, ed in particolare dall'intensità del rapporto che esiste tra quest'ultime e l'uomo stesso. Non essendo né l'entità metafisica che vorrebbero molti idealisti, né tanto meno un semplice *corpus* biologico, influenzabile solo esternamente, l'uomo rimane essenzialmente una fedele espressione del suo particolare mondo. I bisogni che egli sente, perciò, sono tutti legittimi nella misura in cui gli forniscono i mezzi necessari per tenersi sempre a livello del suo ambito esperienziale.

Spodestate le volgari premesse di tipo colonialista, e ridimensionato il mito del primitivismo, oggi si è più o meno unanimi nel vedere tutte le svariate società del mondo, ciascuna a suo modo, come valide espressioni socio-umane. In questa luce, si capisce facilmente come, in sede

[12] La distinzione tra bisogni (o appetiti) veri (cioè costanti) e falsi (ossia relativi, e quindi artificialmente creati) è studiata da Carlo Marx nei suoi *Manoscritti economico-filosofici*. Per una brillante e concisa analisi di tale opera, indispensabile per un apprezzamento delle premesse etico-umanistiche del grande pensatore tedesco, si consiglia l'ottimo studio di Erich Fromm, *Marx's Concept of Man*, Frederick Ungar Publishing Co., New York 1967, pp. 1-83. Sempre su questo argomento si veda anche H. Marcuse, *One-dimensional Man* (Studies in the ideology of advanced industrial society), Beacon Press, Boston 1968, pp. 4-5 e ss. Sul carattere anti-intellettuale dell'organizzazione industriale cfr. Vance Packard, *The Hidden Persuaders*, David McKay Company Inc., New York 1957, pp. 214-215 e ss. Sebbene vecchio di quasi un ventennio questo libro del Packard è sempre da considerarsi fondamentale per quello che riguarda i metodi, scarsamente ortodossi, adottati dall'*establishment* economico-industriale per condizionare le masse ad acquistare una pletora di prodotti di cui in realtà non hanno alcun bisogno.

rigorosamente critico-antropologica, la distinzione tra bisogni veri e fittizi non abbia nessuna ragione di sussistere. Al limite, uno *smoking* è tanto esistenzialmente importante all'uomo di società quanto le pelli al cosiddetto selvaggio. Ambedue questi indumenti rispecchiano le esigenze di due precisi tipi di società, e pertanto sono entrambi indispensabili. In senso assoluto si può obiettare che le pelli sono più importanti al selvaggio, il quale deve proteggersi contro le intemperie, che non lo *smoking* all'uomo di società, il quale, per ripararsi dal freddo può accontentarsi di un qualsiasi cappotto, meno elegante forse, ma senz'altro più pratico. A una tale obiezione, la quale dimostra di ignorare che in realtà non esistono parametri assoluti capaci di dettare una condotta universalmente valida, sibbene infiniti parametri relativi che, all'interno dei margini di una particolare società, acquistano senz'altro valore assoluto, si può ribattere facetamente che il problema del freddo l'uomo di società non si sogna nemmeno di porselo. Di qui è chiaro come il termine uomo massa, in apparenza così giustificabile a causa dei tanti elementi disumanizzanti innegabilmente presenti ed operanti nella società moderna, rifletta soprattutto un atteggiamento misto di disprezzo e di distaccata superiorità nei riguardi degli uomini in generale. Se vogliamo, è misantropia che, per legittimarsi, si ammanta di belle quanto speciose giustificazioni etico-filosofiche. Proprio perché alla base di un tale atteggiamento, per quanto intellettualizzato, è dato scorgere un'origine più emotiva che razionale, al concetto dell'uomo massa fa difetto un'intrinseca validità normativa.

Innanzi tutto non crediamo che l'uomo massa costituisca una realtà sociale, anche se può benissimo costituire un'ovvia realtà economica. Tanto meno costituisce una realtà storica, indipendentemente da una sensibilità aristocratica, la quale ha bisogno di creare il mito dell'uomo massa onde poter asserire, in opposizione, la propria individualità, la propria distinta presenza. Basta uno dei tanti esempi di cui l'*Eclissi dell'intellettuale* abbonda per dimostrare come lo Zolla tenda, condizionato com'è da un'educazione elitaria, a ravvisare nell'uomo d'eccezione l'unico valido antidoto all'uomo massa:

> Mozart che gioca con il pianoforte e Montaigne che apprende non il *babil* e neanche il perigordino, ma un classico latino appaiono possibilità nonché remote, mostruose all'uomo massa . . . [13]

Concetto, questo, che è intimamente antitetico al senso di società, dove è impensabile che l'*eccezione* si moltiplichi fino a diventare norma.

D'altra parte, e a titolo puramente dialettico, ammesso pure che la

---

[13] E. Zolla, *Eclissi dell'intellettuale*, cit., pp. 130-131.

società contemporanea sia davvero massificata, non è facile capire perché quella medioevale, per esempio, lo fosse meno. Risulta difficile vedere quali differenze (qualitative) vi siano tra gli eserciti di uomini moderni che, ogni giorno, si muovono come in mandrie verso i loro rispettivi luoghi di impiego, e gli eserciti medioevali che marciavano, anch'essi compatti ed ubbidienti, al servizio dei loro feudatari. Nell'un caso come nell'altro, i destini di questi uomini trascendono in larga misura le loro sfere di controllo. Né, inoltre, ci riesce vedere che differenza ci sia tra il vassallo del Medio Evo, il quale, finite le sue logoranti fatiche quotidiane, si metteva, insieme alla sua famiglia, al suo umile desco, e l'operaio moderno che, suonata la sirena, torna a casa accolto dal frastuono della televisione e dalle lamentele di una moglie cui il mensile non è mai sufficiente. A guardar bene, le differenze che esistono fra queste due scene di squallore domestico sono puramente di ordine quantitativo, la qualità essenziale delle loro rispettive esistenze rimanendo sostanzialmente immutata. Questo quadro storico-esistenziale, nel quale abbiamo volutamente fatto predominare le tonalità più cupe, non è però totalmente privo delle sue zone di luce. All'interno di ogni società, per quanto etico-economicamente repressiva e repressa, l'individuo che desideri impostare la propria vita in termini di una sensibilità umano-estetica più piena può sempre trovarvi il modo. Come nella celebre novella boccaccesca, Cisti Fornaio, sebbene di umile stato, in grazia di un'intrinseca predisposizione trasforma in bellezza ed eleganza i per altro insignificanti oggetti della sua realtà imprimendovi i segni di una istintiva signorilità, così agli uomini moderni, monotono ed avvilente che possa essere il loro lavoro, è dato, avvalendosi delle infinite espressioni artistico-culturali a loro disposizione, ingentilire il proprio spirito, migliorare la propria vita. Entro questa più ampia e se si vuole più generosa prospettiva, che abbiamo di proposito voluto illustrare ricordando una novella del Boccaccio, le tesi dello Zolla, espresse è doveroso riconoscere con finezza ed intelligenza notevoli, non per questo possono dirsi del tutto convincenti, pregiudicate spesso come sono da una passiva accettazione di un astratto e tutto accademico umanesimo da una parte, e da un certo inconfessato misoneismo dall'altra. Egli dimostra, inoltre, di trascurare la possibilità che ognuno ha di ampliare i propri orizzonti spirituali grazie proprio ai tanti benefici che la tecnica moderna ha reso largamente accessibili, allo stesso tempo che, indirettamente, riconosce all'uomo massa un potenziale privilegio:

> Vi è mai capitato di trovarvi su una corriera sciaguratamente fornita di una radio di bordo? Noterete come un mero bigliettaio o guidatore cali la sua mano rapida e sicura sul bottone di comando a stroncare fin dalle prime

note una musica che non sia irrimediabilmente volgare, segno che sa discernere il grano dal loglio. All'uomo massa è tuttavia offerta un'amplissima scelta; egli può frequentare teatri, se li preferisce agli stadi, può comprar libri, se li preferisce ai rotocalchi, può frequentare concerti invece di azionare macchinette-giradischi . . .[14]

Naturalmente il "mero bigliettaio" dell'esempio zolliano non potrà che scegliere male, che optare "per la moneta falsa"; d'altra parte, vorremmo domandare allo Zolla che così ama qualificarlo, a un "mero bigliettaio" quale altra scelta si offre?

Come si è cercato di dimostrare, alla base del risentimento zolliano per la realtà contemporanea — ed è precisamente questo che infirma la validità delle sue riflessioni critiche — sta indeclinabilmente una visione libresca, elitaria della vita, che affiora costantemente nel suo testo, fino a raggiungere i fastigi del ridicolo laddove il critico contrappone diporti e scene pastoral-marini, quali li trova descritti dal Boccaccio nella *Fiammetta*, ai carnai assai poco arcadici in cui si trasformano d'estate i moderni luoghi di balneazione.[15] Sintomatico della dialettica, diciamo pure tendenziosa, dello Zolla è il suo procedere per categorie solo in apparenza parallele; in realtà, nella sua denuncia della "deformazione dei riti lustrali sulla spiaggia pubblica" il critico contrasta non già usi e costumi analoghi presi dalla realtà medioevale, bensì ricorre a una letteratura che ce ne porge una versione idealizzata, e perciò mistificata, al massimo. Questo è il maggiore e più diffuso difetto che notiamo nello Zolla, dove non tanto genera fastidio il continuo divario che egli sottintende tra sacro e profano, quanto la sua riluttanza a voler riconoscere la pratica inapplicabilità dei suoi ideali sul tessuto attivo di questa come di qualsiasi realtà sociale.

2. "Il Menabò 4", Elio Vittorini: l'operaio tra realtà e mito

Al polo opposto del problema vi è quella che può dirsi la posizione vittoriniana, per l'impegno che lo scrittore siciliano assunse prima sulla rivista "Il Politecnico" (1945-46), e più tardi su "Il Menabò" (1959-67), rispettivamente sulle questioni di "cultura e popolo" e "letteratura e industria". Centrale a queste due riviste è il concetto, propugnato dal Vittorini in particolare, della democratizzazione della cultura. In questo preciso atteggiamento programmatico, per altro, è forse dato leggere una chiara presa di posizione contro le teorie gentiliane sull'opportunità di una netta separazione tra cultura (classe intellettuale) e lavoro manuale. Del resto, la richiesta di una cultura democratica costituisce un *leitmotiv*

[14] Ivi, pp. 106-107.
[15] Ivi, p. 153.

nell'ideologia del Vittorini che, come precisa l'Asor Rosa, era sentita anche dalla sinistra fascista. Infatti, le idee che il giovane Vittorini, come anche il Pratolini, esposero per la prima volta nel fascista "Bargello" sono sostanzialmente identiche a quelle che caratterizzeranno gli anni del loro impegno comunista.[16] In due suoi articoli, sintomaticamente intitolati *Lavoro manuale e lavoro intellettuale* e *Unificazione della cultura* ("Bargello" VIII, 43 e 53), il Vittorini detta la necessità sociale di dare a tutti (contadini, operai, ecc.) una comune base culturale, onde eliminare ogni elitarismo intellettuale da una parte, nonché le tradizionali prevenzioni sociali contro il lavoro di tipo manuale dall'altra.[17]

Le idee del Vittorini si trovano puntualizzate nel suo già accennato articolo introduttivo al "Menabò 4", il cui scopo è di vedere fino a "qual punto le *cose nuove* tra cui oggi viviamo, direttamente or indirettamente, per opera dell'ultima rivoluzione industriale abbiano un riscontro di *novità* nella immaginazione umana".[18] Egli conclude che la letteratura non avrebbe saputo rinnovarsi come appunto i tempi moderni richiedono. Legati ancora alle premesse narrative del secolo scorso, gli scrittori non si sarebbero lasciati compenetrare delle forme (industriali) più singolarmente caratteristiche dell'epoca moderna. È soprattutto con mezzi e mentalità poco o per niente differenti da quelli della letteratura naturalista che essi si avvicinerebbero al fenomeno industriale, senza perciò riuscire ad effettuare un vero sondaggio all'interno dei suoi processi più significativi. E sebbene la letteratura realista sia stata la prima ad occuparsi delle classi diseredate, essa si muove pur sempre da un'angolatura pre-industriale che ignora i profondi mutamenti etici, economici e sociali tipici dell'industrialismo contemporaneo,[19] limitandosi invece a prendere atto, quasi sempre in chiave documentaristica, delle molteplici forme di vita che in vario modo preparavano l'avvento di una nuova èra.

Sul tronco più generale della letteratura naturalista, si innesta quella populista, la quale appunta il suo sguardo ora con semplici finalità gnoseologico-rappresentative ora con sincero piglio di rinnovamento sociale, sui problemi del proletariato e del sottoproletariato.[20] Tuttavia,

---

[16] Alberto Asor Rosa, *Scrittori e Popolo*, Samonà e Savelli, Roma 1969, pp. 105, 137.
[17] Ivi, pp. 137-138.
[18] Cfr. "Il Menabò" n. 4, art. cit., p. 13.
[19] Ivi, pp. 14-15. La posizione del Vittorini può dirsi identica a quanto Aldous Huxley, in un suo bellissimo saggio sulla materia della poesia, aveva scritto quasi una quarantina di anni prima: cfr. A. Huxley, *Literature and Science*, Harper and Row, New York, Evanston, and London 1963, pp. 56-61.
[20] Per un approfondito studio sul populismo rimandiamo al già citato *Scrittori e Popolo* di A. Asor Rosa.

anche la letteratura populista, sempre secondo il Vittorini, si articola in termini essenzialmente preindustriali nella misura in cui tenta il miglioramento della classe proletaria in base a soluzioni al di qua o al di là di quelle industriali. Data, inoltre, la fondamentale insensibilità della nascente industria sette-ottocentesca ai problemi umani dei lavoratori, il realismo, come anche il populismo, sarebbero di conseguenza ancor oggi permeati degli stessi preconcetti storici che determinarono, già al loro primo apparire, le voci di polemica contro il fenomeno industriale.[21] Preconcetti che formano quella "sfiducia umanistica" la quale, lamenta il Vittorini, se poteva essere più o meno giustificata in uno Zola o in un Frank Norris, ora, con il mutato clima socio-industriale, è, oltreché anacronistica, controproducente. In questa prospettiva storica le idee vittoriniane, le quali esprimono essenzialmente il concetto dell'irreversibilità della storia, si allineano sul piano socio-filosofico con quelle del Tönnies sul pericolo di voler provocare, a dispetto di un'attuale *Gesellschaft*, un artificiale recupero di una preesistente *Gemeinschaft*: dov'è implicita la intima consapevolezza che arrestare l'evoluzione della storia e del *progresso* umano significa creare una situazione affatto innaturale e perciò altrettanto pericolosa quanto la condizione socio-esistenziale cui si vuol riparare.[22]

Oltre a voler descrivere "oggetti nuovi" con metodi e interessi tradizionali, tentare la rappresentazione della realtà industriale dietro la spinta di una particolare ideologia (quest' ultima intesa ovviamente come totale adesione a un preciso indirizzo politico-filosofico) può spesso costituire più un ostacolo che un efficace mezzo di rappresentazione, in quanto finisce per impedire ogni ulteriore ampliamento del proprio angolo visuale:

> Le cose nuove è in via subordinata che entrano poi nel discorso: in quanto l'ideologia con la quale ci si è approssimativamente identificati è un'ideologia non immobile che si occupa anche delle cose nuove e le studia. L'ideologia dà loro importanza, e lo scrittore si sente impegnato dall'ideologia a dar loro a sua volta importanza. Ma il rapporto che egli così viene ad avere con le cose nuove è mediato dall'ideologia e risulta chiaramente, punto per punto, ch'è tale: mediato, sforzato, senza radici in esse, e senza neanche consapevolezza della novità di esse, . . . senza

---

[21] Per una più ampia analisi del problema si consigliano gli ottimi e stimolanti studi di Gianfranco Vené, *Letteratura e capitalismo in Italia*, Sugar, Milano 1963, e di Rodolfo Morandi, *Storia della grande industria in Italia*, Bari 1931.
[22] Cfr. F. Tönnies, *Gemeinschaft und Gesellschaft* (1a ed. 1887; 2a ed. 1912). Per uno studio assai chiaro del problema, incentrato soprattutto sull'alienazione come fenomeno socio-storico anziché esistenziale, si veda Fritz Pappenheim, *The Alienation of Modern Man*, 1959, e successivamente pubblicato da Modern Reader Press, New York and London 1968.

adesione ad esse.²³

Già al tempo del "Politecnico", del resto, l'atteggiamento metapolitico (in senso asettaristico) del Vittorini era più che evidente allorché, nella sua risposta alle accuse di fallimento che l'Alicata moveva al "Politecnico" dalle colonne di "Rinascita" (n. 5-6), egli ribadiva chiaramente i due presupposti base cui s'ispirava la sua rivista. Innanzi tutto, ne veniva rivendicato il valore autonomo in termini della sua impostazione prevalentemente culturale anziché politica, per cui il "Politecnico" non esprimeva "un'esigenza storica della cultura italiana stessa che non importa se fa o non fa politicamente comodo a un partito o a un altro."²⁴ Secondariamente poi, stipulata la sua posizione non rigorosamente politico-marxista, Vittorini sostiene l'assoluta autonomia dell'intellettuale, il quale deve essere libero di muoversi al di sopra di ogni dottrinarismo. Nelle parole del Vittorini stesso, il limite dell'ideologia consisterebbe precisamente nell'avere essa "necessariamente trascritto in simboli le cose vecchie da cui è partita non meno delle nuove che ha via via coinvolto, mentre lo scrittore parla un linguaggio di simboli per tutto ciò che riguarda le vecchie cose del mondo preindustriale che tutti continuiamo a vedere con gli occhi dei padri e dei nonni come se l'industria non le avesse, investendole dei suoi ritmi, modificate."²⁵ Di conseguenza, la letteratura, predeterminata com'è e perciò incapace di adempiere il compito prescrittole dal Vittorini, sarebbe rimasta a una stadio molto arretrato rispetto ad altre "attività artistiche come la pittura e come la musica che almeno si sono lasciata dietro le spalle, e a cominciare da tempi in cui l'industria era alle prime avvisaglie, la loro dimensione melodica di vecchie complici della natura."²⁶ Per essere veramente all'altezza del suo compito, conclude lo scrittore, la letteratura non solo dovrà rendersi coeva alla realtà che intende rappresentare, ma dovrà contenere "un minimo di progettazione, quale ad esempio il progetto di libertà ogni volta nuovo che ogni immagine non approssimativa né astratta di servitù ha sempre incluso nelle sue linee."²⁷ Si tratta di un'intima necessità di aggiornamento e di

---

²³ E. Vittorini, art. cit., pp. 16-17.
²⁴ E. Vittorini, "Il Politecnico", n. 31-32, luglio-agosto 1946.
²⁵ E. Vittorini, "Il Menabò", n. 4, p. 17.
²⁶ Ivi, p. 17. In un senso più generale, sebbene riferito all'ambito dell'architettura, il Mumford aveva già detto la stessa cosa laddove sosteneva che " . . . a large part of the modern world has been created, with the aid of mathematics and the physical sciences and mechanical invention; and no honest construction in our time can avoid in some measure expressing the discipline and acknowledging this immense debt" (L. Mumford, *Art and Technics*, Columbia Univ. Press, New York 1955, p. 123).
²⁷ E. Vittorini, art. cit., p. 18.

allargamento degli orizzonti tematico-contenutistici, per cui, al limite, i "prodotti della cosiddetta *école du regard*, il cui contenuto sembra ignorare che esistano delle fabbriche, dei tecnici e degli operai, sono in effetti molto più a livello industriale, per il nuovo rapporto con la realtà che si configura nel loro linguaggio, di tutta la letteratura cosiddetta d'industria che prende le fabbriche per argomento."[28] Per questo, sempre secondo Vittorini, il bilancio della letteratura industriale contemporanea si chiuderebbe in passivo, in quanto "niente della letteratura contiene oggi una istanza simile di fronte al mondo di cui viviamo."[29]

Per quanto volenterose, le teorizzazioni del Vittorini sul romanzo industriale hanno scarso valore normativo, soffuse come sono dei soliti ideali socio-culturali che inquinano vaste zone del pensiero e della pagina vittoriniani.[30] Inoltre, la ricognizione settoriale che "Il Menabò 4" compie nel mondo della fabbrica, risulta pregiudicata già in partenza, ed era inevitabile, dalla particolare angolatura di chi guarda all'industria da una formazione umanistico-borghese. In una sua acuta requisitoria contro il carattere immancabilmente *aristocratico* dell'intellettuale italiano, diretta, interessantemente, contro il vittoriniano *Uomini e no* in particolare, l'Asor Rosa ebbe a dire che "quello che non si può accettare, è esattamente il vecchio tentativo — tipico dell'intellettuale italiano — di voler che la realtà sia a propria somiglianza — non solo: che in questa somiglianza stia il sale della terra, la prefigurazione di una più alta civiltà, la chiave dei molti mali della vita."[31] Le complicazioni che sorgono in sede teorica, pertanto, denunciano non già un'intrinseca difficoltà rappresentativa del mondo industriale, come a dire una naturale indocilità della materia stessa, sibbene il tradizionale divario che è sempre esistito tra classe intellettuale e proletariato. Inoltre, le lamentele espresse dal Vittorini circa la presunta *inadempienza* da parte di tanti scrittori moderni ai criteri che, postulati con rigore precettistico, dovrebbero presiedere alla composizione di un

---

[28] Ivi, pp. 18-19. Un classico esempio di romanzo ambientato in una fabbrica, ma che è, per il contenuto come per l'ispirazione, ancora a livello preindustriale, è *La ragazza di fabbrica* di Armando Meoni, Vallecchi, Firenze 1951. Si veda quanto ne dice l'Asor Rosa nel suo *Scrittori e Popolo*, cit., pp. 132-133.

[29] E. Vittorini, art. cit., p. 18.

[30] Non bisogna dimenticare che il padre del narratore di *Conversazione in Sicilia*, oltre ad essere un semplice impiegato alle ferrovie, è anche nei ritagli del suo tempo, attore shakespeariano. È nel *Diario in pubblico* che Vittorini approfondisce tale pensiero: "L'operaio che, con un bisogno estraneo alla sua attività di operaio, leggeva Shakespeare e Goethe, impersonava la vera tendenza alla cultura. Egli suscitava un tipo ideale di cui tutti dovevano tener conto... Sbagliamo a concludere che la cultura popolare è condizione indispensabile per ogni cultura?" (E. Vittorini, *Diario in pubblico*, Bompiani, Milano 1957, p. 75). Cfr. anche Asor Rosa, op. cit., p. 138, dove parla della "forma utopica, tipica del Vittorini".

[31] Cfr. A. Asor Rosa, op. cit., p. 165.

romanzo, sono sintomatiche della sua istintiva insofferenza di tutto quanto esulasse dai suoi schemi artistico-ideologici. A questo proposito conviene ricordare la reazione del Vittorini alla pubblicazione del *Gattopardo*, che egli giudicò restrittivamente soprattutto per la veste tradizionale con la quale osava raccomandarsi all'attenzione dei lettori. È chiaro che le ragioni più intime della stroncatura vittoriniana, come dimostra Giancarlo Buzzi nel suo equilibrato studio sul Lampedusa, siano essenzialmente d'ordine extra-artistico.[32]

3. "Il Menabò 4", Gianni Scalia: l'industria come "nuova natura", e "l'autalienazione industriale"

Non possiamo allontanarci da "Il Menabò 4" senza prima aver esaminato l'intervento di Gianni Scalia, il quale accentra il suo discorso sul problema della "alienazione industriale", asserendo che "alla base di ogni rapporto tra letteratura e industria è la riflessione profonda e rinnovata sulla *alienazione industriale* (al di là degli schemi tradizionali, anche marxisti). Essa costituisce . . . la condizione di ogni possibile progetto conoscitivo e rappresentativo della realtà in cui e di cui viviamo."[33] Come per il Vittorini la letteratura, per essere in grado di rappresentare la realtà, oltre ad essere pienamente "aggiornata", deve anche contenere "un minimo di progettazione", così anche per lo Scalia "il compito di una letteratura contemporanea è, certo, quello di anticipare, nella rappresentazione dell'alienazione industriale, il divenire della liberazione dall'alienazione industriale."[34] Vicinissime tra di loro, la posizione scaliana come quella vittoriniana si ispirano a un carattere di ideale progressismo e di perfezionismo, nonché al desiderio di un energico superamento delle viete sovrastrutture socio-economiche. Sulle teorie marxiste riguardo l'alienazione ci soffermeremo altrove; qui importa solo ricordare che le formulazioni di Marx presuppongono una mentalità e una realtà economico-culturale di natura preindustriale. Non si può prescindere, per capirne il messaggio e per poterlo inquadrare nella sua giusta prospettiva storica, dal concetto quasi *religioso* che Marx aveva del lavoro, soprattutto di tipo artigianale, secondo lui l'unico veramente atto a consentire una totale e soddisfacente comunione tra il lavoratore e il suo prodotto. Pertanto, sarebbero le mediazioni progressivamente avvenute

---

[32] E. Vittorini, *Impariamo a conoscere gli scrittori italiani*, "Il Giorno", 24 febb. 1959. Per un'equilibrata valutazione dell'atteggiamento assunto dal Vittorini nei riguardi del *Gattopardo* si veda Giancarlo Buzzi, *Invito alla lettura di Tomasi di Lampedusa*, Mursia, Milano 1972, pp. 28-33, 159-163, 166-168.
[33] Gianni Scalia, *Dalla natura alla industria*, "Il Menabò", n. 4, 1961, p. 95.
[34] Ivi, p. 108.

nel lavoro industriale a far sorgere una barriera sempre più alta tra l'uomo e il prodotto finale delle sue fatiche. Allorché il lavoratore non si vede più unico artefice, quando cioè sente di non essere più lui a plasmare appieno il *suo* manufatto, avverte un senso di *impotenza* e di estraniamento di fronte agli oggetti naturali che fanno parte del suo contesto lavorativo. E siccome la realtà industriale odierna è essenzialmente questa, lo Scalia risponde che

> al di là delle premesse e delle previsioni del marxismo, l'alienazione industriale ha posto nuovi problemi. Essa non è più espressione dell'alienazione prodotto della natura oggettiva sulla umanità produttrice-programmatrice dell'uomo, estraniato, appunto alla *physis* come contraddizione oggettiva tra forze produttive e rapporti produttivi socio-economici, politici, giuridici, ideologici; ma è espressione dell'alienazione prodotta dalla stessa tecnicità *artificiale* sull'umanità estraniata a questa nuova radicale *anti-physis*.[35]

Giunta a questo punto della sua evoluzione, l'industria non può più dirsi antitetica alla natura, poiché "la natura è già industriale, e l'industria si presenta come la *nuova natura industrializzata*. L'alienazione è, conclude il critico, *l'autoalienazione industriale*".[36]

Su un piano critico-teorico, il concetto qui esposto dallo Scalia ha scarsa originalità, riallacciandosi a riflessioni pressoché analoghe avanzate, fra tanti, da Waldo Frank e da Adriano Tilgher. Già all'inizio del secolo le trasformazioni provocate dall'èra industriale erano tali che il Frank ne poteva trarre la seguente conclusione: "La Natura per l'americano è questo ferreo caos fatto di forze che danno vita, disseminano morte, e distillano valori".[37] Con lievissimo scarto cronologico, tanto poco infatti da poter parlare di sviluppi di pensiero paralleli, il Tilgher con maggiore pacatezza di giudizio del suo contemporaneo statunitense scriveva:

> L'uomo appare a se stesso artefice di capacità demiurgica illimitata, che va man mano sostituendo alla natura naturale una natura opera e fattura sua, una natura di laboratorio. Egli ottiene gli stessi prodotti della natura, ma con processi diversi, e ai prodotti della natura ne aggiunge infiniti altri che in natura non sono, alla natura naturale sovrapponendo così a poco a poco un'altra natura di origine e destinazione umane.[38]

Se lumeggiamo i precedenti cui fanno capo le osservazioni dello Scalia è perché importa inserire il suo discorso in un più ampio disegno storico che oggi, forse più che mai, ne giustifica la reiterazione.

---

[35] Ivi, p. 109.
[36] Ivi, p. 110.
[37] Waldo Frank, *The Re-discovery of America: An Introduction to a Philosophy of American Life*, Charles Scribner's Sons, New York and London 1929, pp. 71-72 (trad. nostra).

4. Dall'artigiano all'operaio; il *mosaico* industriale; la prima letteratura industriale e l'emergenza politica del proletariato

Principali tra i vari effetti della rivoluzione industriale sono stati l'assorbimento di un vasto numero di persone, spesso di provenienza rurale, nei grandi complessi industriali, nonché il lento passaggio da una produzione di tipo artigianale, e pertanto quantitativamente limitata, a quella in serie. Avvalendosi del contributo del singolo, grande o piccolo che sia, la fabbrica a sua volta incastona l'operaio in una sorta di immenso mosaico, il cui armonico funzionamento dipende dal grado di fusione delle sue componenti umane. In tal modo, e per usare un termine ormai consunto dalla socio-psicologia moderna, l'uomo perde la sua individualità, e viene *inghiottito* da un sistema che esige da lui un particolare e ben circoscritto sforzo contributivo. Per meglio illustrare questo discorso, e anche per dare un esempio concreto di una delle maggiori cause dell'alienazione — la cosiddetta divisione del lavoro - converrà appuntare il nostro sguardo su quanto avviene all'interno di una fabbrica.

In una grande casa produttrice di automobili, il prodotto finale è la compiuta espressione di infinite consultazioni tecniche, e di un numero enorme di *mani*, ciascuna con un particolare compito da svolgere: chi si occupa della trasmissione, chi dell'impianto ellettrico, chi della carrozzeria e via via fino ai minimi particolari che sono necessari alla costruzione di un'automobile.[39] L'operaio che vede la macchina uscire ormai finita dal reparto-montaggio è senz'altro consapevole di aver contribuito solo in parte a tale *creazione*, sebbene egli si sia dedicato con impegno totale alla specifica fase lavorativa che gli compete. Il prodotto finale, risultato di innumeri apporti parziali, in certo senso può dirsi anonimo; ogni compiacimento tecnico-estetico che il singolo operaio possa esprimere nei riguardi dell'oggetto costruito dovrà sempre tener conto del suo carattere collettivo. È soprattutto in considerazione dell'anonimità del prodotto che il divario tra produzione industriale e produzione artigianale, con tutte le conseguenze socio-psicologiche relative a questi due differentissimi tipi di produzione, si fa maggiormente evidente. L'artigiano, a differenza dell'operaio che fa parte di una grande azienda, è assoluto e unico *creatore*

---

[38] Adriano Tilgher, *Homo Faber*, Libreria di Scienze e Lettere, Roma 1929, p. 62. L'importanza del Tilgher non si può mai sottolineare abbastanza. Le idee di moltissimi saggisti contemporanei, compresi quelli di cui ci occupiamo nel nostro studio, sono già state, in parte o tutte, toccate dal Tilgher.

[39] Sulle particolari ragioni dell'alienazione dell'operaio nella fabbrica automobilistica vedasi Robert Blauner, *Alienation and Freedom* (the factory worker and his industry), The University of Chicago Press, Chicago 1964, pp. 89-123.

del prodotto che esce dalle sue mani; egli *sa* tutto quello che c'è da sapere intorno al suo lavoro. È proprio nel frazionamento del lavoro industriale, cioè nelle applicazioni più rigide del taylorismo, che risiede, come è stato illuminato molto bene nelle opere del noto sociologo francese Georges Friedmann, uno dei motivi principali del malcontento operaio. Fabbriche più progredite, come si sa, cercano di ovviare a questo pericoloso tipo di alienazione che deriva dalla superdivisione delle mansioni tecnico-industriali col dare maggiori responsabilità agli operai di modo che, sentendosi indispensabili all'azienda nonché più partecipi al totale intreccio dei suoi processi produttivi, essi siano meno portati a sentirsene estraniati. Dato il mutato clima socio-economico conseguente all'industrializzazione del lavoro, l'accento è stato posto sempre più su prodotti industriali, mentre l'artigiano si è visto progressivamente escludere dall'ambito della più significativa produzione otto-novecentesca. Storicamente, perciò, è soprattutto l'artigiano che, a maggior ragione, dovrebbe sentirsi alienato; mentre l'operaio, per quanto monotono, noioso e spesso fisicamente duro il suo lavoro, sa almeno di muoversi all'interno della corrente principale della produzione contemporanea. In certi casi, come è stato rilevato in varie interviste nonché in documentari sull'argomento, il sentimento di sicurezza e a volte anche di orgoglio che all'operaio deriva dal sapersi parte di un'organizzazione infinitamente potente è di per sé sufficiente a relegare in margine alla sua coscienza gli aspetti meno apprezzabili della sua condizione. Sotto molti aspetti, anzi, l'operaio può dirsi pienamente partecipe alle forme di vita più singolarmente caratteristiche di questo secolo, in gran parte strutturate, sebbene per tutte le ragioni sbagliate, per lui.

È chiaro che inizialmente, e anche a seconda dei vari paesi che man mano si sono inseriti nella corrente industriale, il divorzio tra industria e artigianato non era così pronunciato come appare oggi. Anzi, in molti casi, e qui l'esempio di non poche aziende italiane è significativo, artigianato e sistemi di produzione moderni potevano facilmente coesistere, concentrandosi unicamente su una produzione qualitativa. In questo modo viene trascurata, sia per impotenza concorrenziale che per ambizioni di mercati più scelti e quindi di necessità limitati, la produzione su vasta scala. Tuttavia, se il connubio poteva rivelarsi positivo per quel che riguardava la fabbricazione di oggetti specializzati e di gran classe, a loro volta destinati a una clientela le cui ingenti risorse ne facevano una minoranza privilegiata, altrettanto positivo non poteva essere per il più generale assetto economico della nazione. Perciò, se agli inizi del secolo le automobili italiane percorrevano circuiti a tempo record, e se le navi italiane detenevano il Nastro Azzurro nonostante la concorrenza non indifferente di altre nazioni che vantavano un'industrializzazione non solo più capillare ma molto più antica di quella italiana, ciò poteva essere motivo di vanto nazionale (e anche nazionalistico), ma non poteva certo rappresentare una valida soluzione ai problemi più urgenti del paese. Fra quest'ultimi particolarmente gravi essendo l'impari sviluppo industriale della penisola, concentratosi nella parte settentrionale, mentre quella meridionale veniva abbandonata a se stessa e raggelata in una secolare arretratezza, le indicibili condizioni di lavoro che a guardarle oggi ricordavano lo schiavismo tipico delle fabbriche non solo italiane ma di tutta l'Europa alla fine dell'Ottocento e agli inizi del Novecento, ed infine l'incerta situazione politica che si accompagna sempre a un'economia vacillante.

Nemmeno più tardi, e precisamente durante il secondo conflitto mondiale, il ritmo di produzione industriale in Italia sarà in grado di assecondare le aspirazioni militaristiche della nazione. Basti pensare all'insufficiente equipaggiamento bellico approntato per dare corpo agli ambiziosi progetti espansionistici del regime allora al potere, per farsi un'idea dell'immaturità politico-economica dell'Italia in tale periodo. Solo con la fine del secondo conflitto si verifica il completo trapasso da una produzione, sotto certi aspetti ancora artigianale, a quadri di produzione di pretta impostazione industriale. È precisamente di questo nuovo clima socio-economico, quello del neocapitalismo italiano, che la narrativa industriale vuol essere ad un tempo documentazione settoriale e riflesso culturale. I romanzi, pertanto, che rientrano in questa particolare categoria appartengono soprattutto, per il carattere in prevalenza etico-psicologico dei problemi che trattano, a quella che con un'approssimazione cronologica possiamo definire la seconda fase della letteratura a sfondo industriale. Ai nostri scopi ciò che distingue la seconda dalla prima fase della letteratura industriale è il predominare, in quest'ultima, di premesse soprattutto d'ordine politico-programmatico. Romanzi, per esempio, come *Germinal* dello Zola (1885), *La Madre* di Maxim Gorky (1907), e *Marching Men* di Sherwood Anderson (1917), ambientati come sono in un periodo socio-storico che sarà cruciale per il destino dell'emergente proletariato, focalizzano necessariamente sulle esigenze più basilari della classe operaia: il suo desiderio di poter lavorare per sottrarsi allo spettro della miseria, di veder migliorate le condizioni di lavoro cui è sottoposta da un gruppo padronale che ne ignora ogni legittimo diritto di vita, ed infine di potersi emancipare come classe sociale.

5. Émile Zola, Germinal: romanzo archetipo della narrativa industriale

Per ragioni storico-economico-culturali note a tutti, mancano nella letteratura italiana ottocentesca riflessi della situazione socio-industriale così espliciti come in quella francese, oppure in quella inglese, dello stesso periodo. Le denunce veristiche del Verga, contemporanee a quelle dello Zola, se non le leggiamo in filigrana sembrano ignorare quasi del tutto che ormai in Europa si erano avviati nuovi metodi di produzione e nuove possibilità di guadagno, di fronte ai quali la modesta impresa peschereccia dei Malavoglia rimaneva essenzialmente un anacronismo. Lo Zola, invece, causa il diverso clima socio-economico in cui operò, nonché la sua maggiore sensibilità ai problemi del proletariato del suo tempo, può ritenersi l'archetipo di quanti dopo di lui tenteranno le vie del romanzo a sfondo industriale. Nelle sue opere, e in *Germinal* in particolare, sono da cogliersi situazioni narrative tanto fondamentali da riapparire continuamente in moltissimi romanzi di fabbrica, composti anche in epoca contemporanea. In *Germinal*, Zola mette a fuoco le subumane condizioni di vita-lavoro dei minatori nelle zone carbonifere della Francia settentrionale; vittime, come vittime sono quasi tutti i personaggi letterari dell'epoca realista, e della loro totale dipendenza economica dai voleri dei padroni, e dello sfruttamento fisico-economico sul quale l'industrialismo ottocentesco fondava le sue più ambiziose speculazioni. È risaputo che la critica lukácsiana è stata poco benevola nei riguardi della letteratura naturalista, e quella zoliana in particolare, per il suo modo di avvicinarsi alla realtà con interessi puramente documentaristici, senza cioè prospettare un minimo progetto di miglioramento sociale. Tuttavia questo giudizio, che solo in parte puó dirsi valido, non tiene conto delle moltissime opere realiste che contengono un indubbio fondo protestatario. E per quanto l'elemento denunciatario di molti romanzi dello Zola possa sembrare oscurato da un'eccessiva microscopia descrittiva, è pur vero, come è stato giustamente osservato, che "nelle opere dei naturalisti il contrasto tra la profonda umanità dei personaggi e la loro sconfitta, tra la loro altezza morale e la grettezza, il brutale affarismo dei *vincitori*, dà spesso un'autentica immagine della grande drammaticità della vita moderna."[40] Il fondamentale atteggiamento dello Zola, inoltre, che nel caso di *Germinal* può senz'altro dirsi polemico, caratterizza la posizione etico-politica di non pochi autori italiani di fronte alle conseguenze dell'industria odierna. Quella "radicale sfiducia umanistica verso le cose nuove" che il Vittorini

[40] Gianfranco Vené, op. cit., p. 342.

rimproverava anche allo Zola, rimane un atteggiamento costante e quanto mai tipico di un vasto numero di scrittori i quali, in gran parte increduli circa una possibile palingenesi degli istituti umani in termini tecnologico-scientifici, mettono in evidenza soprattutto i lati negativi dell'industria.

6. Ottiero Ottieri, *Donnarumma all'assalto* e Paolo Volponi, *Memoriale*: la fabbrica tra civiltà e alienazione

Tuttavia, anche entro la produzione narrativa degli ultimi vent'anni, vi sono opere che si rivelano più vicine al clima sociale dei romanzi naturalisti che non a quello contemporaneo. Per esempio, in *Donnarumma all'assalto*, romanzo a forma di diario di Ottiero Ottieri (1959), sono evidenziate le varie difficoltà cui vanno incontro gli abitanti di un piccolo centro del Meridione man mano che vengono a contatto con un complesso industriale venuto a insediarsi nel loro paese tecnologicamente arretrato. La situazione è ulteriormente complicata dal fatto che i tecnici, venuti dal Nord in veste organizzativo-dirigenziale, recono con sé, in forma di *tests* e questionari, criteri ed esperienze di conduzione aziendale che sono il distillato di quanto è stato raggiunto in altri paesi, diversi per cultura e industrialmente più progrediti. L'urto provocato da una così raffinata preparazione tecnico-psicologica da una parte, e dall'assoluta ignoranza che i volenterosi ma inesperti meridionali hanno del lavoro di tipo industriale dall'altra, si presenta con tinte ora grottesche ora tragiche. I vari problemi che il romanzo pone sono ancora a livello socio-economico, nella misura in cui sono tipici di un gruppo economicamente depresso, il quale aspira soprattutto al miglioramento materiale della propria vita. In altri termini, è ancora la lotta per sopravvivere, resa ancora più dura, in questo caso, dal vistoso divario tecnico-culturale dei due gruppi in questione.

Di solito la narrativa industriale contemporanea raramente si occupa di problemi serratamente economici, preferendo invece quelli di natura psicologica, politica, o socio-etica. Il *Memoriale* di Paolo Volponi (1962) in questo senso può dirsi contemporaneo al massimo, proprio perché, ignorando quelle che sono istanze di carattere più basilare e perciò tipiche di un periodo socio-economico storicamente superato (ricerca del posto, aumento salariale, miglioramento delle condizioni di lavoro, ecc.), mette a fuoco gli effetti negativi che l'industrialismo moderno può avere sulla psiche umana. Nel romanzo volponiano è questione di un operaio semi-specializzato, di nome Saluggia, che vede la fabbrica come un enorme mostro che cospira contro di lui, che cerca di annientarlo. È un caso limite, se si vuole, ma nondimeno indicativo delle premesse antiumanistiche che molti autori scorgono nell'ambiente di fabbrica. Come si vedrà più avanti, però, tale è lo squilibrio del protagonista che risulta assai difficile riconoscere nell'industria la causa unica dello sgomento di cui è attanagliato il Saluggia. Pertanto, la fabbrica non può avere un ruolo determinante nella sua vita, sebbene egli tenda sempre a renderla responsabile dei suoi mali; tutto al più, in quanto è l'ambiente nel quale il protagonista si muove, può solo costituire lo sfondo principale contro cui egli proietta, in un rapporto antagonistico, le proprie turbe, la propria infelicità umana.

In *Donnarumma all'assalto*, invece, la fabbrica è vista come una forza morale e civilizzatrice, nella misura in cui fa da punto d'incontro fra le più svariate espressioni umane. È nell'ambiente di fabbrica che la superpreparazione quasi tracotante dei tecnici del Nord e l'immaturità industriale e psicologica dei meridionali finiscono per configurarsi in una prospettiva di mutua comprensione e di miglioramento reciproco:

> . . . in fabbrica miglioriamo, loro e noi. Ci comprendiamo e ci assomigliamo, uniti dalla stessa produzione, cioè dalla stessa sorte. Quando si sta in officina ognuno al proprio posto, si smorzano i loro fuochi pirotecnici e le nostre sciocche, fredde presunzioni si riscaldano. Lo stabilimento fa gli uomini uguali, asciuga gli umori, riduce i vizi del carattere. Gli organizzatori settentrionali si tolgono dal capo il cretino casco coloniale, con cui sono scesi alla stazione di città, e cominciano a capire.[41]

In questo passo occorre saper isolare il tono quasi miracolistico che lo pervade dalla radicale negatività semantica cui intimamente, anche se forse inconsciamente, la descrizione s'ispira, per vedere come vi siano contenute già tutte le premesse deteriori che tanti scrittori, saggisti, sociologi, ecc., ravvisano in tutta l'organizzazione industriale moderna. I verbi con cui Ottieri esprime l'opera di pianificazione esercitata dalla fabbrica su chi entra a farvi parte ("asciuga", . . . "riduce" . . .), sono un intimo riflesso linguistico del processo di assorbimento che è uno dei fattori più singolarmente determinanti il buon andamento di un complesso industriale.[42] Il calcolato soffocamento di atteggiamenti prima connotanti una singola e robusta personalità, se indispensabile dal punto di vista organizzativo, in termini umanistici è negativo in quanto dettato da uno schema di valori in cui l'uomo ovviamente non può occupare una posizione di primo piano. Ciò che vuole l'industria, indipendentemente da quelli che possano essere i desideri e le aspirazioni privati del singolo operaio, è il passivo ed indifferenziato collocamento di quest'ultimo entro le linee di forza dell'organizzazione aziendale. E ciò, s'intende, al di là della da tempo superata differenziazione marxiana tra operaio (visto

---

[41] Ottiero Ottieri, *Donnarumma all'assalto*, Bompiani, Milano 1963, p. 176.
[42] Cfr. a questo riguardo Vance Packard, op. cit., pp. 210-216.

come sottoposto e perciò come schiavo) e padrone (sfruttatore del sottoposto e perciò uomo libero). Il superamento di tale dialettica sociostorica costituisce il logico ed inevitabile risultato delle ragioni economico-produttivistiche instaurate dal neocapitalismo, le quali livellando perché ormai inutile ed anacronistica una tale distinzione, finiscono per assorbire tanto l'una quanto l'altra.[43]

[43] Sul superamento del marxismo, cfr. H. Marcuse, *One-dimensional Man*, op. cit., p. 33.

II
ESPERIMENTI DI SOCIETÀ
IN TRE ROMANZI INDUSTRIALI

1. Carlo Bernari, *Tre Operai*: l'insuccesso della rivolta individuale apolitica

Scritto nel 1934, *Tre Operai*[1] di Carlo Bernari, oltre a darci un'idea assai esatta della situazione socio-industriale in un periodo particolarmente tormentato della storia politico-economica italiana, può servire da modello in base al quale discriminare, nella più fitta produzione di romanzi industriali concentratasi nell'arco cronologico 1955-1965, tra contenuti nuovi e gli ovvi recuperi tematico-espressivi desunti dal più generale repertorio del naturalismo otto-novecentesco. L'opera del Bernari, per altro, dato il clima politico in cui conobbe la sua prima edizione,[2] nonché il fatto di essere fortemente centrato su problemi relativi alle nascenti organizzazioni sindacali e allo stato di quasi totale abiezione fisico-morale in cui era piombato il proletariato dell'epoca, rappresenta da parte dell'autore, per quanto più sul piano della testimonianza umana che politica, una presa di posizione non indifferente.[3]

Ambientato negli anni prima e dopo la Grande Guerra, *Tre Operai* narra le varie peripezie da cui è segnata la vita dei suoi personaggi principali: Teodoro, operaio senza un vero mestiere ed incapace di una condotta lineare e produttiva; Anna, fragile e tragica creatura che, innamorato di Teodoro, si vede costretta per la di lui incostanza ad amare altri uomini con la speranza, ogni volta amaramente delusa, di poter arrecare un miglioramento economico alla sua grama esistenza; ed infine Marco, tipo furbescamente sveglio, occupato solo del proprio utile, e tutto intento ad evitare urti e situazioni compromettenti. La struttura del

---

[1] Carlo Bernari, *Tre Operai*, Mondadori, Milano 1951.
[2] Non integrale, secondo ci informa Remo Cantoni nella sua prefazione all'edizione da noi seguita(ivi, p. 7).
[3] Per questo ed altri motivi il Bernari poté sembrare uno scrittore rivoluzionario (cfr. G. Vené, *Letteratura e Capitalismo in Italia*, cit., p. 445). Il Manacorda mette in guardia contro il voler "fare di *Tre Operai* un romanzo socialista" proprio perché a causa della "dimensione individualista . . . e il profilo psicologico dei personaggi, la cui aspirazione sembra proprio quella di uscire dalla condizione operaia per toccare l'eden piccolo-borghese. Il che, se è storicamente un fatto vero, non è però un fatto socialista". Il critico riconosce, inoltre, che

romanzo è affidata agli spostamenti dei tre personaggi, soprattutto di Teodoro e Anna, man mano che inseguono le povere chimere attraverso le quali si illudono di poter uscire una volta per sempre dallo squallore della loro condizione. Da Napoli, dove ha inizio il racconto e dove i personaggi sono impiegati presso differenti fabbriche, l'azione si sposta prima a Taranto e poi a Crotone dove Teodoro e Marco si trasferiscono sia per motivi di lavoro sia per l'opportunità di adoperarsi nella lotta per l'organizzazione ed emancipazione del proletariato. Nel contempo, ed in seguito a vari contraccolpi della fortuna, Anna da Napoli va a Roma in cerca di lavoro. Nella capitale conosce un operaio, dal quale ha un figlio, Pippetto, anch'egli destinato a finire tragicamente. Presto abbandonata dall'amante, Anna ritorna a Napoli dove trova Marco, col quale accetta di convivere, e poi Teodoro, che convince a rappacificarsi con Marco nonché a trasferirsi con loro in una casetta in riva al mare, lontano dalla città e dalla zona industriale. Tuttavia, per insufficienza di fondi e per ragioni di gelosia tra i due uomini, la loro situazione diventa di giorno in giorno più incerta, finché si disgrega affatto. L'esperimento ha il suo triste epilogo con la morte di Anna, la quale soccombe, sola e inassistita, al male che lentamente l'ha consumata.

L'appartarsi dei tre personaggi vuol essere un tentativo di isolamento da un lato e di ridimensionamento della propria vita dall'altro. Essi cercano di impostare la loro vita in maniera nuova, spregiudicata ed indipendente. Se il tentativo fallisce, è soprattutto perché i tre sono incapaci di attingere nuove energie atte a sostenerli nel nuovo indirizzo che hanno scelto. Non essendo i loro sforzi diretti collettivamente verso un unico fine, le divergenze in loro diventano sempre più marcate. Sorgono liti motivate da piccoli orgogli, nonché dal sordo tarlo della rivalità per Anna, che impediscono ai due uomini di essere veramente amici, e che in ultimo provocano il disfacimento del precario focolare. Nell'insuccesso dell'esperimento, tuttavia, non crediamo vi sia da ravvisare un particolare messaggio, secondo cui l'interesse privato, quando non imbrigliato e subordinato a uno schema etico più vasto, si rivelerebbe affatto incompatibile con il realizzarsi di una comunità compatta e produttiva.[4] In questo senso, anche, può essere accolto il giudizio del

"episodi come l'occupazione delle fabbriche non si trovano davvero con frequenza nella letteratura degli anni '30, né romanzi imperniati sulla condizione operaia e i suoi problemi" (G. Manacorda, *Storia della letteratura italiana contemporanea (1940-1965)*, Editori Riuniti, Roma 1967, pp. 97-98). Si vedano anche G. Barberi Squarotti, *La narrativa italiana del dopoguerra*, Cappelli, Rocca San Casciano, 1965, pp. 103-130, e G. Amoroso, *Sull'elaborazione di romanzi contemporanei*, U. Mursia e Co., Milano 1970, p. 123.

[4] G. Amoroso, cit., p. 124.

Tessari, secondo il quale "alla vicenda di scioperi e trame politiche che coinvolgono il protagonista, si accompagna infatti una seconda dimensione narrativa, che contempla l'itinerario di Teodoro non più come viaggio dalla illusione rivoluzionaria alla delusione e alla disfatta, ma come avventura intesa a rifiutare certi rapporti umani per approdare a contatti ben diversi."[5] Piuttosto, il fallimento dei tre operai è da leggersi come documento della umana difficoltà a comporre in un'unica dimensione spinte personali ed aspirazioni comunitarie.

Già un'importante osservazione ci è dato fare a proposito di questo che, ad ogni buon titolo, può considerarsi uno dei primi *romanzi di fabbrica* italiani; e precisamente che l'ambiente industriale ivi rappresentato, indipendentemente dal maggiore o minore grado di appartenenza che i personaggi vi avvertono, rimane pur sempre e soprattutto lo sfondo specifico contro cui essi proiettano le loro particolari sofferenze, le loro aspirazioni. In questo senso, poco o nulla cambia nei romanzi ad ambientazione industriale scritti in data posteriore a quello bernariano. Tale considerazione, inoltre, riveste un significato ben preciso sia dal punto di vista critico-narrativo, sia da quello puramente esistenziale. Ricordiamo, infatti, che uno dei principali requisiti reclamati alla letteratura industriale dal Vittorini su "Il Menabò 4", era la necessità di attuare una totale compenetrazione tra personaggio e ambiente. La fabbrica, in altre parole, non dovrebbe fare da sfondo; agire come un qualcosa d'appartenente all'uomo ma allo stesso tempo distaccato da lui; parte del suo mondo ma non parte integrale; dovrebbe bensì essere la sua completa dimensione etico-esistenziale; l'*humus* vitale nella quale egli ha profonde le proprie radici: punto d'intimo incontro tra la sua realtà interiore e quella esteriore. Questa compenetrazione tra uomo-ambiente è vista, in sede teorica, come necessaria per eliminare il problema dell'alienazione, nonché le molteplici turbe che possono sorgere quando tra l'uomo e il suo posto di lavoro esistono profondi diaframmi. Tuttavia, un tale auspicio, per quanto generoso, ignora che all'uomo, di gran lunga più importante del relativo senso d'identificazione che riesce a stabilire con il proprio *milieu*, importa soprattutto serbare in sé un tanto di indipendenza e di distacco onde preservarsi da un pericolo più grave: la perdita della propria individualità causa il soverchiante grado di assorbimento presente nel suo rapporto vita-lavoro. Sul piano narrativo, come del resto in ogni espressione artistica, nella misura in cui l'arte è innanzi tutto scelta di un contenuto e poi focalizzazione su di esso, rimane indiscutibile che vi deve essere necessariamente un distacco tra l'oggetto principale che si vuol

---

[5] R. Tessari, *Il mito della macchina*, Mursia, Milano 1972, p. 406.

rappresentare — poniamo l'uomo — e il contorno materiale in cui la sua vita si articola. Mancando una tale distinzione, verrebbe a mancare l'ingrediente che è alla base di quel perpetuo dramma che è la vita stessa, e, per estensione, d'ogni valida rappresentazione artistica che se ne voglia dare. Come vedremo nei romanzi sui quali limiteremo la nostra indagine nel presente capitolo, la cui scelta per altro è stata dettata tanto da ragioni cronologiche quanto contenutistiche, spesso la dicotomia tra personaggi e ambiente è ad un tempo profonda ed insanabile. Quando non è così, come per esempio in *Tutta la verità* di Silvio Micheli, fa difetto quel senso di vero dramma che ogni opera dovrebbe ispirare; e, di conseguenza, la sua capacità di essere una testimonianza persuasiva di un valido aspetto dello scenario umano viene irrimediabilmente infirmata.

L'atteggiamento misto d'indifferenza e d'incertezza con cui Teodoro,[6] il personaggio principale, partecipa agli eventi che hanno luogo intorno a lui, bene esprime quel senso di disorientamento etico-politico così caratteristico, in maniera ora più ora meno radicale, di molte zone del Novecento. A causa del lento ma progressivo dissolversi dei tradizionali schemi morali e socio-psicologici, operatosi per molte ragioni nel corso del secolo, ma principalmente a causa del relativismo etico-materialistico, se non proprio instaurato certo in gran parte favorito dall'industrialismo otto-novecentesco, gli uomini, rimasti increduli circa la possibilità di un reale miglioramento della loro condizione e con un'imperfetta coscienza di se stessi, sono come in balia di spinte, sia interne che esterne, di cui non sanno afferrare le giuste dimensioni, l'esatto valore. Da questo sgretolarsi dei punti di riferimento etico-sociali di una civiltà ancora preindustriale deriva l'impossibilità — e il senso d'impotenza che ne costituisce il logico contrassegno — di asserirsi in maniera libera.[7] Non si può essere pienamente liberi se prima non si è consapevoli delle proprie mete. In *Tre operai*, infatti, vi è un'allusione piuttosto diretta a tale concetto, allorché Teodoro, per giustificare il venir meno in lui dei fervori di riforma sociale che prima lo avevano spronato all'azione politica, asserisce che "bisogna studiare . . . per potersi schierare coscientemente da una parte o dall'altra, ma per studiare ci vuole del tempo, occorre del denaro . . . Allora, sfiduciato chiudeva i libri e si buttava, vestito com'era, sul letto."[8]

---

[6] Il Cantoni lo definisce "pieno di incertezze morali, eternamente fluttuante e ambiguo, incapace di veri amori, e di autentiche passioni, in bilico tra confuse aspirazioni intellettuali a evadere dalla propria classe, neghittosi vagabondaggi e vuota disponibilità, appare quasi preda del caso, abbandonato in situazioni che lo trascinano in qua e in là" (R. Cantoni, pref. cit., p. 9).
[7] Per l'accostamento di tale personaggio al moraviano Michele de *Gli Indifferenti* in base a un senso di impotente "dirittura morale", cfr. G. Vené, op. cit., p. 446.
[8] C. Bernari, cit., p. 49.

La tragicità, se vogliamo, dei personaggi di questo romanzo, è nella loro incapacità di aderire ai dettati di una condotta tradizionale da una parte, e, dall'altra, di non sapersi forgiare un ordine nuovo. Sbattuti qua e là sia dalla propria debolezza, sia da un senso di sfiducia generale, essi sono spinti quasi inconsciamente a trovarsi impegnati in situazioni per cui non avvertono né una vera simpatia né un'adeguata forza di partecipazione.[9]

Teodoro, operaio malgrado se stesso, è portato ad esserlo perché, come lo ammonisce il padre, "un figlio di operaio non può che essere operaio". Ammonimento che, per il modo e il linguaggio con cui viene pronunciato, ricorda assai da vicino Padron 'Ntoni de *I Malavoglia* il quale, sordo alle istanze della nuova generazione (del resto assai vaghe), rappresentata da 'Ntoni, tenta di far riconoscere al nipote la validità dei doveri tradizionali. Anche il padre di Teodoro è ciecamente convinto che la felicità è ottenibile solo attraverso il lavoro, e rimanendo saldamente all'interno dei margini della propria classe sociale. Di qui, il maggior divario con il figlio: "Ho capito (dice il padre), ho capito quello che vorresti fare; ma io ho lavorato e tu devi lavorare. Qui, qui... non c'è posto per gli sfaticati... Io ho lavorato e tu devi lavorare... Chi ti fa credere il contrario o è pazzo o è rimbambito...".[10] Al padre, capire perché il figlio non vuol lavorare, sembra facile: si tratterebbe di un semplice e fin troppo comune caso di *sfaticatezza*. In realtà non capisce perché non può capire quello che angoscia Teodoro, il quale desidera in tutti i modi, anche senza metodi e finalità precisi (esattamente come 'Ntoni Malavoglia), uscire dagli angusti e soffocanti confini spirituali nonché materiali del genitore, e della classe cui appartiene. Divertirsi non può equivalere a lavorare, e il lavoro, specie quello massacrante degli opifici, non può né deve costituire l'unico scopo della vita. Del resto, la mentalità del padre di Teodoro, come pure quella di Padron 'Ntoni, oltre a riflettere un preciso modo di intendere la vita a la funzione che all'uomo incombe di espletarvi, rappresenta anche la spina dorsale dell'industrialismo otto-novecentesco, in larga misura basato — perfino nelle operazioni in apparenza meno significative — sulla salda ed incontestata accettazione, da parte dell'operaio, della necessità di lavo-

---

[9] Oltremodo negativo il giudizio espresso dal Vittorini a proposito di quest'opera, il quale ebbe a scrivere che "mi fanno ridere gli illusi che credono di scrivere per il popolo narrando la storia di qualche disoccupato. Si capisce, sono gli stessi che dicono 'eleviamo la vita del popolo'; e non s'accorgono che intendono dire 'imborghesiamo il popolo'...." (E. Vittorini, *Tre operai che non fanno popolo*, "Il Bargello", VI, 29, 22 luglio 1934). L'Asor Rosa, invece, vede consistere proprio in ciò l'importanza di *Tre Operai*, nella musura in cui "individua e precisa un modo di essere del populismo italiano che è, in larghi settori, la incapacità (o l'impossibilità) di distinguere nettamente i confini — psicologici, sociologici, morali — della piccola borghesia da quelli del proletariato" (A. Asor Rosa, *Scrittori e Popolo*, cit., p. 131).
[10] C. Bernari, cit., p. 25.

rare. In questa luce, è quasi assiomatico che nell'opera del realista Verga, come in quella del neorealista Bernari, la rovina dei personaggi avvenga allorché essi non sentono più di poter, né tanto meno di *dover*, aderire a un tale schema di valori. 'Ntoni, nel suo rifiuto, come scrive un critico, "di accettare l'antica verità del nonno", e con il suo eventuale allontanamento dalla familgia altro non fa che minarne la solidità economica che consisteva appunto nella produttiva unità dei suoi membri.[11] Teodoro, similmente spinto al vagabondaggio da una somma di insoddisfazioni, ed incapace di assecondare quanto gli detta la tradizionale volontà del padre, rovina.

In *Tre Operai*, la società borghese industriale, in cui si muovono i personaggi, in quanto priva di basi solide, non è ancora in grado di ispirare nelle maestranze un sentimento di sicura appartenenza né di valida partecipazione ai complessi industriali in cui lavorano. I dipendenti vi aderiscono per sola necessità economica, ma senza la coscienza di far parte di una compatta, utile e soprattutto decorosa classe sociale. Merito di Bernari, come già di Verga, è d'aver saputo cogliere, nel suo molteplice atteggiarsi, quel senso di disorientamento etico-psicologico che, dipeso dall'eterna tensione insita nel rapporto tra individuo e società, acquista, in tempi di profonda trasformazione sociale, proporzioni di maggiore rilievo. Agli uomini del momento storico in cui si svolge l'azione del romanzo di Bernari, da poco usciti come sono da una tradizione d'indicibile squallore economico e di secolare immobilismo politico, non è dato — per procurarsi un valido punto d'appoggio — rivolgersi né al passato né tanto meno al futuro. E sebbene le ruote del *progresso* siano già in moto, e da tempo, il grasso di cui ne sono intrisi gli ingranaggi è pur sempre quello d'una volta; negli strumenti virtualmente atti a modificare, migliorandola, la loro sorte, essi non ravvisano che il perpetuarsi, sotto

---

[11] Cfr. Giovanni Cecchetti, *Il Verga Maggiore*, La Nuova Italia, Firenze 1968, p. 108. Giancarlo Vené interpreta i due romanzi verghiani, *I Malavoglia* e *Mastro Don Gesualdo*, quale una rinuncia da parte dell'autore "a ritrarre una società già avviata verso l'industrialismo, già avvolta dai miti del progresso borghese" (G. Vené, cit., p. 293). Tale interpretazione non ci sembra del tutto valida perché se è vero che nei romanzi suddetti il Verga "Propone l'egoismo capitalistico, il prevalere dell'interesse privato su quello sociale, la vacuità degli ideali attraverso i rapporti sociali più semplici", è altrettanto vero che anche su tali *qualità* il capitalismo borghese, di cui la famiglia dei Malavoglia è una microscopica ma pur sempre concreta espressione, pone le sue più solide basi. Il mondo capitalistico-industriale trae la sua forza proprio dal controllato incanalarsi di tanti singoli apporti, ciascuno operante principalmente verso il raggiungimento del proprio benessere, verso finalità produttive anonime che però sono sintesi di ogni singolo contributo. Per quanto insignificante, l'attività pescareccia dei Malavoglia è una piccola industria, primitiva e limitata quanto si vuole, consistente in un organizzato sforzo collettivo teso a un unico fine economico.

spoglie solo in apparenza mutate, dei soliti schemi elitari e sopraffattori. Nell'impossibilità di cambiare un tale stato di cose, gli uomini possono rassegnarsi al loro destino, come fa il padre di Teodoro, il quale per altro colloca il proprio sacrificio in una sfera, oltre che deterministica, si può dire quasi religiosa (il lavoro, cioè, inteso come dovere sacro), oppure, ed è il caso di Teodoro, assumere nei riguardi del lavoro un atteggiamento di indifferenza.

Verso la fine del romanzo, il protagonista trova lavoro presso un'industria di conserve alimentari, impiego che riesce a procurarsi "grazie alle bugie che seppe dire al direttore per farsi assumere facilmente . . .". Una volta nel capannone, Teodoro, conscio della gravità del suo errore, decide di confidarsi con un compagno di reparto. Questi, a sua volta già accortosi delle difficoltà che provava il nuovo assunto di fronte al suo impiego, lo informa seccamente: "Non ti preoccupare. In tre giorni s'impara questo mestiere fesso. Tu stattene sempre vicino a me, e non ci pensare."[12] L'atteggiamento del compagno di reparto è indicativo del suo scarso impegno nei riguardi del suo lavoro; lo fa perché lo deve fare, ma lo espleta senza amore, senza veramente parteciparvi. In un clima industriale più sano, egli si sarebbe risentito per la poca responsabilità dimostrata dal nuovo assunto; se ne sarebbe offeso anche personalmente perché in certo modo la faciloneria di Teodoro costituisce un affronto diretto alla sua coscienziosa presenza come operaio in quella fabbrica.

La mancanza di un senso di partecipazione che caratterizza l'atteggiamento operaio nei confronti del lavoro industriale ha il suo contrappeso nella sfiducia ideologica e nello scarso spirito di adesione politica presso gruppi sindacali di tendenza socialista. Infatti, i primi tentativi di ridimensionamento politico che Teordoro, trasferitosi a vari centri del sud, cerca di effettuare nell'ambito operaio, vengono frustrati dagli operai stessi, i quali "si mostravano ancora più restii che per il passato a dar spago e comando ad uomini di cui non avevano fiducia: essi ostacolavano anche senza avvedersene tutte le iniziative di Teodoro miranti a dare un volto e un corpo alla impresa che aveva accettato di condurre a termine."[13] Per far fronte a una tale situazione, Teodoro decide di allearsi a persone del luogo, un meccanico e un chimico "riformisti", sperando con il loro aiuto e grazie alla loro maggiore esperienza di organizzazioni politico-sindacali di poter riuscire più facilmente a riunire gli operai. Presto, però, si vede tacciato di massimalismo, e trattato da intruso: "il meccanico e il chimico . . . avversavano per metodo qualunque idea, qualunque iniziativa, e gli contristavano la vita con le continue

[12] C. Bernari, cit., pp. 145-146.
[13] Ivi, p. 116.

opposizioni."[14] A parte le differenze ideologiche che possono separare le vedute di Teodoro da quelle degli altri compagni, il comportamento di quest'ultimi verso il nuovo arrivato rivela un'ostilità e una malignità che nulla hanno a che fare con la politica, e che finiscono per schierare il meccanico e il chimico contro Teodoro per puro spirito di opposizione. Invece di tentare di livellare le divergenze che esistono tra di loro, onde potersi avviare a un accordo che giovi all'intero partito, essi si comportano al di sopra e quindi al di fuori dell'azione politica per seguire un gioco affatto personalistico. È ancora uno dei tanti esempi della mancanza di forze direttive e dell'immaturità ideologica che vediamo caratterizzare questo momento storico, e che il Bernari ha saputo così bene porre in risalto. Tanto è vero che, com'è stato osservato, questo mettere in evidenza la poca solidità delle organizzazioni socialiste ha portato alcuni a vedere in *Tre Operai* un'opera filofascista.[15] Il romanzo certo non mostra, nemmeno nella maniera più pallida, simpatia nei riguardi del fascismo; a meno che non si voglia adoperare il realismo, come a volte accade, come presupposto e giustificazione di una politica di stampo reazionario. *Tre Operai*, invece, va letto come un'obiettiva rappresentazione di una precisa realtà storica, oltre che come un valido documento di una condizione storico-esistenziale. Anche per questo l'autore non guarda con severità il protagonista; anzi, è forse con una certa compassionevole benevolenza che lo ritrae, vedendolo come espressione inevitabile e pateticamente veritiera del suo tempo.

Nonostante fosse stato notato dai più avveduti sin dalla sua apparizione nel 1934 che *Tre Operai* si muove essenzialmente entro le linee di forza del naturalismo francese, o del "preneorealismo" come ci tiene a precisare il Manacorda,[16] il romanzo presenta anche degli elementi realisti che facilmente si possono scambiare per populisti. La morte di *innocenti* come Pippetto, e più tardi di Anna; gli abusi e le indecorose condizioni di vita-lavoro cui quest'ultima è soggetta; le avverse condizioni climatiche che rendono più ardua e miserabile la vita dell'operaio;[17] ecc., sono tutti

---

[14] Ivi, p. 116.
[15] Cfr. Angelo Mele, *Il realismo dopo Verga*, Istituto Editoriale del Mezzogiorno, Napoli 1960, p. 134.
[16] C. Manacorda, cit., p. 97.
[17] D'origine empirico-proverbiale, il concetto (diffusissimo nella letteratura proletaria) che perfino la Natura sia contraria alla classe operaia, contristandone ogni passo, ogni uscita verso una nuova fase della loro esistenza, si trova già sviluppato nel verghiano *I Malavoglia*, che per questa come per tantissime situazioni realiste è una insostituibile fonte tematica ("... 'Ntoni accompagnando il fratello [Luca] col berretto sull'occhio talché pareva fosse lui che partisse, gli diceva che non era nulla, e anche lui aveva fatto il soldato. Quel giorno pioveva, e la strada era tutta una pozzanghera"). Cfr. G. Verga, ne *I Grandi Romanzi*, Mondadori, Verona 1972, p. 83.

temi fondamentali del repertorio populista. "Letto in un certo modo", scrive l'Asor Rosa, "*Tre Operai* può essere il racconto di un'impotenza operaia ad agire, a costituirsi autonomamente sul piano politico. Ma vi sarebbe in questo schema interpretativo una evidente forzatura perché esso presupporrebbe una dimensione storica e una tensione dialettica, che nel romanzo non ci sono." A ragione, perciò, il critico conclude che "la passività morale, l'intorpidimento della coscienza, la ottusa disperazione dei suoi operai sono visti come il riflesso di uno stato pressoché eliminabile della esistenza."[18] Per essere un vero documento populista, manca in *Tre Operai* quella carica idealista che, imperniandosi non già su un concetto di inevitabile determinismo storico-esistenziale, sibbene su una robusta visione dialettico-perfezionistica della realtà, lasci pur sempre trasparire dal fondo del quadro, per quanto cupi e disperati ne possano essere i primi piani, un qualche spiraglio di luce che inviti a perseverare nella lotta per il bene dell'umanità. È soprattutto la nota di passività, presente in vario grado in tutti i personaggi del libro, ma in particolare nella figura di Anna, che contribuisce in maniera singolare a collocare *Tre Operai* nella categoria di romanzo realista. Tutto sarebbe disposta a sopportare questa donna, purché il suo sacrificio fosse compensato dall'amore del suo uomo, Teodoro. È, però, che questi non l'ama, e da questa mancanza d'affetto inizia per Anna il suo progressivo slittamento lungo una china che, costellata di patimenti e umiliazioni di ogni genere, finirà per condurla alla morte.

In questa luce, la tragicità della donna è accresciuta dalla sua propria indole che, ad un tempo istintivamente ottimista e pragmatica, le ispira sempre uno spirito di stoica rassegnazione e perciò di servile adesione al suo particolare *status* socio-lavorativo. Tipica delle donne della sua classe, la figura di Anna ricorre con certa frequenza nei romanzi a tema industriale. È, come Emma in *Tempi Stretti* di Ottieri, Mara, moglie del protagonista de *La vita agra* di Bianciardi, ecc., una donna dagli affetti semplici ma costanti, tutta intenta a costituirsi una situazione domestica solida, anche se non agiata, in cui cullare il suo amore fatto di devozione e fedeltà per la famiglia. Il lavoro per queste donne, specie quello in fabbrica, viene perciò accettato come necessario ed inevitabile per dare corpo alle loro ambizioni piccolo-borghesi. Non avendo alcun desiderio di cambiare o di migliorare le strutture socio-economiche che le determinano, esse preferiscono piuttosto affrontare passivamente il loro sacrificio in vista del benessere privato che, esiguo che sia, sanno di poterne trarre. Su un piano puramente psicologico, tale atteggiamento, per

---

[18] A. Asor Rosa, cit., p. 130.

quanto poco sociale, antipolitico ed egoista, è nondimeno un'autentica espressione della natura umana al suo stato più genuino, quale spesso è dato cogliere nelle manifestazioni di donne appartenenti a classi sociali poco evolute. Visto in questa prospettiva, il comportamento di Anna, come in larga misura quello degli altri personaggi del romanzo, si presta senz'altro a un'interpretazione realista, secondo la quale le espressioni più spontanee della donna sarebbero in netta contraddizione — esistenzialmente — con una visione utopico-perfezionistica della vita. D'altra parte, non è da escludersi del tutto, e lo rileviamo allo scopo di sottolineare ancora una volta la maggiore dimensionalità dell'opera, che il fenomeno sia ugualmente leggibile in chiave politica, per cui l'abiezione morale della donna, o semplicemente la sua rassegnata passività, sarebbe in diretto rapporto a un preciso schema di valori etico-sociali imposto sulle classi subalterne dai detentori del potere. Tuttavia, se in *Tre Operai* quelle che sono le condizioni negative insite nella classe operaia provocano in Anna una reattività difficilmente spiegabile in termini ideologici, d'altro canto essa si rivela perfettamente comprensibile una volta individuatene le radici emotivo-psicologiche. Le avversità che, in seguito all'abbandono di Teodoro, le si abbattono addosso con spietata regolarità, a lungo andare istigano in lei un senso di odio per la propria classe. Sapendosi vinta perché appartenente a una categoria di *vinti*, essa vede rispecchiata nei suoi consimili l'immagine insopportabile del proprio avvilimento, della propria disgrazia. In quanto donna, è attraverso la via del sentimento che la consapevolezza del suo triste stato si fa più acuta. Delusa dall'operaio con cui attualmente convive, come è stata delusa dagli altri operai che ha conosciuto, Anna si rimprovera di aver "sbagliato strada", mentre allo stesso tempo "lentamente le si insinua un odio per questa gente, questi operai che ti obbligano ad una vita senza speranza".[19] Che la ragione più intima di tale odio sia sentimentale non vi possono essere dubbi. Ricordiamo, infatti, che verso l'inizio del romanzo è la sorella di Anna, Maria, che disprezza gli operai perché essi non sono in grado di procurarle le soddisfazioni che invece la sua avvenenza, nonché la poca rigidità dei suoi costumi, rendendola accetta a un certo ambiente, le hanno consentito di conoscere. A questo punto della narrazione è Anna che prende le difese del ceto operaio: "Perché, che gli manca ad un operaio? Non è forse un uomo come tutti gli altri?" Chiaramente, però, il suo intervenire nella discussione a favore della classe lavoratrice è motivato soprattutto dal suo affetto per Teodoro, che essa vede colpito personalmente dalle considerazioni ingiuriose della sorella. In un romanzo populista, tale convin-

---

[19] C. Bernari, cit., p. 112.

zione di Anna potrebbe si conoscere sconcerti ed oscillazioni, man mano che le difficoltà della vita operaia ne provano la fondamentale solidità, ma non arriverebbe mai al punto di capovolgersi affatto come invece avviene in *Tre Operai*. Piuttosto, lungi dal lasciarsi abbattere dalle avversità che contristano il cammino dell'operaio, Anna, come gli altri personaggi, vi avrebbe opposto quella necessaria combattività per infine trionfarne.

Questo primo romanzo del Bernari, in apparenza così diverso, presenta nondimeno dei notevoli paralleli con il suo recente *Un foro nel parabrezza*; paralleli che conviene rilevare allo scopo di evidenziare il carattere prevalentemente esistenziale del discorso bernariano. La nota più singolarmente spiccata che accomuna questi due romanzi, cosa tanto più interessante quando si pensa che fra le due composizioni intercorrono quarantaquattro anni,[20] è la ricorrente insistenza sull'impossibilità, nell'uomo, di varcare quella sempre eludente linea di confine tra il proprio mondo interiore e quello esteriore, e sul suo conseguente ma ogni volta frustrato tentativo di situarsi in un luogo sicuro, protetto ad un tempo dalle aggressioni di un mondo ostile e dal continuo trasformarsi delle cose. In *Tre Operai*, vi è qualcosa di freudiano in questa ricerca di un luogo sicuro, come se in fondo quello che Teodoro vuol ritrovare è soprattutto la calda protezione dell'alvo materno, che è puntualmente rilevabile attraverso l'intero arco delle varie situazioni in cui il protagonista viene a trovarsi. Dalla camera in casa propria al torpore erotico del "letto in tre" in casa di Anna e sua sorella; dai vari retrobottega del suo soggiorno politico-lavorativo tra Taranto e Crotone alla casetta sul promontorio di Posillipo dopo il suo ritorno a Napoli; dalla casetta appartata e solitaria dove va a stare con Anna e Marco, e dalla sua successiva reclusione in carcere su su fino alla notte della scarcerazione che passa nello scafo di una vecchia nave in via di smantellamento, ed infine alla squallida stanza di una meretrice dov'è trascinato più che dal desiderio della donna dal bisogno di un posto caldo e sicuro ("non mandarmi via", Teodoro scongiura la prostituta, e guardandosi intorno scorge in uno "specchio quella sua faccia da bambino"), è come se il protagonista fosse costantemente in cerca di un luogo entro le cui pareti egli possa trovare una calda e materna difesa contro le avversità del mondo. La triste ironia della sua ricerca, sempre infruttuosa, viene sottolineata dal Bernari allorché fa coincidere il momento di mag-

---

[20] *Tre Operai* essendo stato composto originalmente tra il 1928 e il 1929. Avvertiamo che esiste una seconda versione di *Tre Operai* (1966), la quale contiene, rispetto alla prima, una "significativa serie di modificazioni strutturali" (R. Tessari, op. cit., p. 398). Tuttavia, è la prima che ci interessa per il suo costituire un importante nesso di congiunzione nel profilo storico-cronologico che in questo capitolo ci preme stabilire.

giore spossatezza fisico-morale del suo personaggio, quello cioè in cui è più indifeso e perciò particolarmente bisognoso di sentirsi protetto, con la maggiore precarietà del rifugio. Appena uscito dal carcere, dove era stato condannato per aver ferito un operaio in una rissa, Teodoro si dirige senza una meta precisa verso il porto, dove scorge dei vecchi piroscafi in disarmo, "e sente nascergli sempre più forte il desiderio di calarvisi, di trovarsi in un angolino e magari rimanervi, passarvi quella notte e altre notti, finalmente un angolo suo, in quel ferro. E un'immagine già lo seduce: come un ferro arrugginito, si dice. Così muoiono gli oggetti inutili. Immagina di calarsi nel silenzio di quegli ambienti, fra quelle pareti di lamiera alla ricerca di pace!"[21] Giunto a questo punto estremo della sua lenta e tormentosa parabola fallimentare, è probabile che Teodoro sia inconsciamente motivato da un instinto di morte, da una segreta brama di immergersi in uno stato di totale immobilità in cui la parte corporea del suo essere, decomponendosi come il vecchio ed inutile ferrame della nave — che ora funge da bara — , possa ritornare per sempre al mondo sicuro e costante della materia. Una volta dentro lo scafo, e sistematosi per la notte, da un foro in una delle pareti "un tondo di luce, diviso in quattro da una croce di ferro, gli si posa sullo stomaco come una pezza calda."[22] È solo alla luce dell'ulteriore sviluppo tematico-simbolico che tale situazione ha in *Un foro nel parabrezza*, che ora possiamo valutare pienamente quello che prima poteva si presentare degli appigli emblematici abbastanza chiari, ma che, data appunto la mancanza di uno sviluppo più organicamente conchiuso all'interno dell'antecedente produzione narrativa di Bernari non poteva rivelare la sua totale dimensione di concetto etico-esistenziale. Sebbene esuli dal nostro schema un esame di *Un foro nel parabrezza*, è indispensabile accennare, anche se brevemente, alla situazione narrativa che il romanzo presenta per meglio illuminare le tangenze che ha in comune con *Tre Operai*.

La trama del romanzo è semplicissima. Un impiegato, all'ora di recarsi in ufficio trova che immancabilmente il posto a lui riservato nel parcheggio è abusivamente occupato da una altra macchina. Fino a quando non riesce a scoprire l'utente, e ad innamorarsene, l'automobile, fatta oggetto di un odio e di un'ostilità quasi ossessionanti, ha un'esistenza autonoma, indipendente cioè dall'ancora ignota proprietaria. Ed è del tutto probabile, per altro, che una delle ragioni per cui il protagonista s'innamora della proprietaria della vettura sia perché trasferisce alla persona di lei le stesse qualità di eleganza, astuzia, anarchia (il fatto di usurpare un posto

---

[21] C. Bernari, cit., p. 203.
[22] Ivi, p. 204.

altrui), e potenza già ritrovate nella macchina. Si avrebbe qui un'esemplificazione di uno dei tanti assurdi di cui è repleta l'epoca moderna, secondo il quale il recupero dell'essere umano (la donna) avviene grazie a un previo processo di personificazione di un oggetto meccanico (l'automobile). Ignorando quasi tutto dell'enigmatica amante (cognome, indirizzo, occupazione, condizione sociale, ecc.), i suoi incontri con la donna, perfino quello in cui la possiede fisicamente, avvengono all'interno dell'abitacolo dell'automobile, nel cui parabrezza vi è un foro di incerta sebbene sospetta origine. A questo punto, la situazione etico-esistenziale è pressoché analoga a quella rilevata in *Tre Operai* di Teodoro all'interno dello scafo; l'unica vera differenza essendo di natura quantitativa. Se nel primo romanzo tale situazione è alquanto circoscritta, sebbene non ne manchino altre, meno esplicite forse ma senz'altro parallele dal punto di vista emblematico-contenutistico, in *Un foro nel parabrezza* essa si accampa centrale e praticamente unica nell'economia dell'azione romanzesca.

Come la medaglia di luce che si posa sul petto di Teodoro nell'episodio sopra riferito, parimenti il foro nel parabrezza costituisce una sorta di spiraglio luminoso attraverso cui ai personaggi bernariani si perpetua l'illusione di poter uscire dalle tenebre e dagli angusti confini del proprio mondo, sia spirituale che fisico, per pervenire poi a una zona che, fatta appunto di una maggiore ancorché incerta luminosità, si presenta come porto di riposo, sicuro da ogni tribolazione. Vi è quasi qualcosa di religioso in questo inespresso anelito verso una vita migliore, suggerito del resto dall'impronta cruciforme che acquista la luce sul petto di Teodoro, e che ben traduce la carica idealistica che è alla base di ogni aspirazione. In Bernari, però, importa rilevare che l'uomo rimane sempre al di qua della sfera luminosa; sfera che è entrambi invito a penetrare oltre e diaframma invalicabile. Questo, perché tali infiltrazioni di luce, più che essere l'estensione simbolica di un'effettiva super-realtà, sono proiezioni dell'irrequietezza che ogni uomo ha dentro di sé, ma che non riesce mai ad acquietare appunto perché ne ricerca il rimedio al di fuori di se stesso.

2. Silvio Micheli, *Tutta la verità*: lotta di classe ed epica proletaria (con alcune considerazioni sul populismo in M. Gorky e E. Vittorini)

Una visione affatto diversa della classe operaia si ha nel romanzo *Tutta la verità* di Silvio Micheli (1950), opera che continua, inserendolo in tutt'altra prospettiva, il discorso che *Tre operai* aveva iniziato ma chiuso, realisticamente, su una nota di pessimismo e d'insuccesso.²³ I difetti del romanzo micheliano, più che nell'opera stessa, sono, come si vedrà, già nel carattere inflessibile delle sue premesse ideologiche e attivistiche, nonché nello spirito romantico-utopistico cui il populismo quasi sempre si informa. Conviene, pertanto, prima di accostarci a *Tutta la verità*, individuare gli elementi maggiormente costitutivi di questo *genere* narrativo, la cui caratteristica predominante è da cogliersi di solito nella sua impostazione ad un tempo realistica e idealista. Da questo tipico impasto, che difficilmente riesce a riunire in una sintesi veramente equilibrata i suoi vari elementi costitutivi, traggono origine i limiti più apparisceni di romanzi ispirati esclusivamente da motivi ideologici; fra i quali, particolarmente vistoso è la tendenza a voler categorizzare gli uomini dividendoli manicheisticamente in buoni o cattivi, secondo che appartengano alla classe operaia o a quella padronale. Tale semplicistico riduttivismo finisce quasi sempre per falsare il quadro narrativo, introducendovi indebite forzature di un discutibile emotivismo polemico. La carica socio-romantica che è la premessa più intima del romanzo populista, viene così a perdere gran parte del suo mordente. L'ingenuità implicita in un sistema che pretenda di poter dividere gli uomini secondo nette e comode schematizzazioni, se da una parte può anche creare effetti di una certa drammaticità, dall'altra, però, rischia quasi sempre di compromettere la serietà del discorso poetico, minimizzandone così la sua validità di testimonianza umana e la sua capacità di ispirare.

Caratteristica del genere populista, oltre alla sua fondamentale impostazione antinomica, è il suo trascendentalismo, spesso di pretto sapore biblico, che conferisce maggiore risalto ai ben noti paralleli che esistono tra marxismo e cristianesimo. L'esempio più ovvio di una tale simbiosi culturale è *La Madre* di Maxim Gorky, dove notiamo un'intima compenetrazione tra ideologia politica e religione. Nel romanzo gorkiano, come sotto molti aspetti anche in *Conversazione in Sicilia* del Vittorini, coesistono, fusi in un unico concetto umanitario, elementi ritualistico-religiosi accanto ad elementi politico-ideologici. In entrambi queste opere la vita è intesa e rappresentata in termini mitico-religiosi, modellandosi sul ternario schema cristiano di sofferenza missione pellegrinaggio. Significativamente centrali, perciò, nell'un romanzo come nell'altro, sono la figura della madre, simbolo della *pietas* universale, e quella del viandante,

[23] Il Manacorda riconosce al Micheli "di aver anticipato un genere (quello del romanzo industriale) qualche anno dopo diffuso e abusato" (G. Manacorda, op. cit., p. 45). Se non ci sentiamo di condividere tale valutazione di *Tutta la verità* è perché, innanzi tutto, consideriamo il romanzo di Micheli più un'opera populista che industriale; e poi, trattandosi di romanzo industriale, ci sembra che il primato (italiano) spetti semmai al Bernari.

l'umanità cioè in cerca di più alte verità. Altrettanto significativo è che la fusione simbolico-mitografica di queste due figure avvenga nel rito dell'abluzione dei piedi, che, in ciascuna opera la madre pratica al viandante-missionario. L'efficacia dell'immagine sta nel suo riunire, in un unico segno, i due poli emotivo-esistenziali entro cui l'umanità tutta si dibatte: staticità (fermezza) e mobilità (anzietà), rispettivamente simboleggiati nella madre e nel viandante. L'unione dei due rappresenta un momento di sospensione e di tregua, in cui le tensioni e le angosce della vita sono assorbite, e provvisoriamente annullate, dalla bontà materna la quale, specificandosi in un atto di umiltà, accoglie con un gesto ristoratore chi è destinato all'eterno errare.

Un discorso a parte merita l'importanza che riveste la figura materna nella narrativa a sfondo populista, la quale, in quanto assomma in sé tutto quello che agli uomini è più caro, diventa la misura dell'umanità stessa. In questa luce eroico-mitica, la figura della madre perde il suo sesso *etico*, per acquistare una sessualità universale, che agisce istintivamente per il bene degli uomini tutti. Come tale, fa tutt'uno con la sua spontanea generosità, la sua femminile *caritas*, che, come la carità cristiana, è sempre a disposizione di chi dimostra di averne bisogno. Questo sacro vitalismo della donna, che nella figura della madre in *Conversazione in Sicilia*, Concezione, assume proporzioni addirittura di una statuarietà michelangiolesca, si esprime in gesti d'amore verso l'umanità, e in particolare verso quella che più soffre. Fonte di perpetua consolazione, con le sue iniezioni Concezione allevia le sofferenze degli ammalati che visita con religiosa puntualità, tanto da diventare simbolo della consolazione stessa. Infatti, vi sono persone che, seppur guarite, sentono purtuttavia il bisogno della sua balsamica presenza, e sono pertanto disposte a sottoporsi, ritualisticamente, alle iniezioni che trasmettono i fluidi benefici che emanano dalla sua persona. Di qui il suo nome, Concezione Ferraguto, nella cui semantica, che ricorda una stirpe guerriera, è racchiuso il potere carismatico della donna, dal cui seno, come i meloni che i figli vedevano uscire dalle sue vesti dove essa d'inverno li teneva nascosti, e ora, dalle siringhe che sono i suoi ferri acuti, stillano sostanze nutritive e curative che ridonano vita. Di qui anche quell'alone di stoica superiorità che la circonda, conferendole a volte connotati estremamente duri, quasi da virago, e che ne distacca la figura dalle altre donne. In quanto portatrice di speranza e di refrigerio, essa dev'essere al di sopra del dolore che la sua persona è destinata a lenire.

Il rapporto d'amore che Concezione racconta al figlio di aver avuto con un viandante, nella misura in cui rientra nella dimensione meta-morale che abbiamo detto caratterizza ogni sua manifestazione, è ancora un'altra espressione della sua istintiva generosità materna. Il sesso, svincolato così dalle opache sfere del peccato dove tradizione e ortodossia lo vogliono relegato, riacquista la sua funzione primigenia di offerta amorosa. Diventa un dono, dato liberamente, un atto di generosità, che insieme a quello del pane e dell'acqua, viene dato a soddisfacimento del totale appetito dell'uomo meritorio. Per questo il figlio la può chiamare "benedetta vacca", scorgendo alla base del suo darsi al viandante quel suo costante impulso, di benigna e misericordiosa magnanimità, ad alleviare le sofferenze del mondo offeso.

La statua muliebre, intorno alla quale verso la fine del romanzo convergono tutti i personaggi che hanno accompagnato il protagonista attraverso il suo viaggio in Sicilia, ora riuniti come in un'unica coralità meta-politica, è la mitografica espressione del sacro vitalismo della madre stessa. In maniera assai simile, ancorché meno plasticamente costruita, la madre, alla fine dell'omonimo romanzo gorkiano, assume una iperdimensionalità allorché pronuncia, mentre soccombe accerchiata dagli sbirri, le parole dell'universale perdono cristiano. Così anche nella scena finale di *Conversazione in Sicilia*, Concezione, nel lavare i piedi all'*Uomo*, dimostra di accogliere in seno alla sua materna bontà tutti gli uomini, al di sopra di ogni contingenza emotivo-dottrinaria.

Affidando a dei simboli materni i loro più sentiti concetti di giustizia e umanità, scrittori dalla tempera di un Gorky o di un Vittorini riescono ad evitare il pericolo delle *categorizzazioni*, così intimamente legato al genere populista, in un'unica visione che abbraccia gli uomini nella loro totalità, visti nella loro paurosa fragilità come anche nella loro incomparabile grandezza. In questo senso, *Conversazione in Sicilia* può dirsi più riuscito de *La Madre*. Quest'ultimo, più lineare nel suo sviluppo nonché più ideologicamente coerente, non riesce proprio per questo ad affrancarsi dalle incrostazioni che le derivano dalla mancata sintesi tra idealità e realtà, sul piano filosofico, e, su quello artistico, tra lo spessore mitologico della sua simbologia e la relativa angustia della sua visione ideologica. L'opera del Gorky, a causa delle sue ingenue e fin troppo scoperte schematizzazioni, che si ripetono puntualmente su tutti i livelli, rivela assai presto la pesantezza della sua struttura.

Un accenno merita l'esplicita componente politica che costituisce sempre una delle parti integrali di un romanzo imperniato, per quanto vagamente, sul concetto del populismo. Il comunismo, inteso non come astrazione teorica ma come programma attuabile sul piano della realtà, è chiaramente presente, sebbene in maniera diversa, nelle due opere che veniamo rapidamente esaminando. Ne *La Madre*, la politica permea l'intero romanzo, dalla prima fino all'ultima pagina. Ogni riunione di uomini è una riunione a sfondo politico; il comunismo è l'unica forza che sostiene i protagonisti di questa opera, i quali, visti come missionari prometeicamente in possesso della *verità*, spargono i semi della rivolta contro gli oppressori. All'interno della compagine narrativa, perciò, se le attività sovversive di questi uomini sono per lo più occultate alle autorità, non lo sono certo al lettore, cui lo spirito che anima la pagina gorkiana si presenta scevra da ogni equivoco. Nel romanzo del Vittorini, invece, la politica, sentita quasi più come ideale speranza anziché in termini della sua pratica attuabilità, è presentata densa di simboli non sempre di agevole decifrazione. Grazie al continuo impiego della metafora, i personaggi mitico-simbolici del Vittorini denunciano "i mali del mondo offeso"; il rivoluzionario Ezechiele parla di "forbici . . . cannoni . . . lame da arrotare", mentre Calogero, politicamente più moderato, lo invita alla calma, e a non perdere di vista gli "altri doveri" che incombono sull'uomo. In questo modo, marxismo e cristianesimo, con la loro relativa simbologia, si compenetrano in un ritualismo mistico che, per quanto solo a livello poetico, apre spiragli di luce su nuove forme di vita e società.

Il punto di maggiore tangenza tra i due romanzi è che la politica rimane essenzialmente cosa da uomini. Ne *La Madre* si può senz'altro obiettare che vi sono donne attivamente impegnate nella lotta politica, fino al punto, anzi, di subordinarvi ogni altro sentimento, compreso ed in particolare quello amoroso. Ciò non toglie, però, che è soprattutto intorno alla materna femminilità della protagonista principale, la madre, che gli altri personaggi gravitano, attingendovi (inconsciamente) sempre nuove energie. La donna, pertanto, è essenzialmente apolitica; non perché insensibile alle pene degli uomini, ma perché le sente come parte di quel dolore universale che essa sa di poter alleviare. Per questa ragione, la madre di Pavel, nonostante dichiari apertamente di non intendersi di politica, è pur lieta di assecondare le aspirazioni degli uomini che essa vede infervorati di una più alta missione. Similmente, Concezione può dire del proprio padre che era "gran socialista e grande a cavallo nella processione del santo patrono". Per quanto espresso ingenuamente, il concetto è di una importanza fondamentale, nella misura in cui, attraverso il sentire femminile, l'uomo viene ricondotto a uno stadio istintivo e prerazionale dove i suoi desideri e gesti, liberi da ogni impaccio d'ordine etico-sociale, si articolano nuovamente secondo spinte più veritiere. Conviene notare che in *Conversazione in Sicilia* la donna occupa una posizione centrale ed onnipresente; dalla moglie di Silvestro, alla moglie-bambina del "piccolo siciliano", alle figlie del Gran Lombardo, alla madre del protagonista, a tutte le donne del villaggio che espongono le loro carni all'ago di Concezione, su su fino alla statua di donna che, alla fine del romanzo, racchiude in plastica sintesi tutte le donne che siano mai nate e che nasceranno, le esperienze dell'uomo sono viste sempre in rapporto alla donna, prova e misura costante della sua più vera umanità.

È a causa della centralità della figura muliebre che *La Madre*, e soprattutto *Conversazione in Sicilia*, costituiscono un populismo affatto *sui generis*. La componente politica che indubbiamente esiste in queste opere, subisce un tale processo di *mitizzazione* da perdere in larga misura il suo carattere insieme programmatico e paradigmatico, e finisce per sciogliersi in una sorta di *religione* che trascende, assorbendoli, i presupposti dottrinari cui originalmente s'ispirava. I risultati, se possono rivelarsi altamente poetici sul piano letterario, sul piano della prassi sociale, invece, sono scarsamente suscettibili di essere applicati per la loro mancanza di appigli concreti. Come si vedrà, *Tutta la verità*, nella misura in cui esclude in gran parte la figura della donna, dimostra, sebbene ne scapiti la poesia, una maggiore adesione alle premesse più ortodosse del populismo marxista. Nel romanzo del Micheli, con il quale siamo nel periodo immediatamente successivo alla seconda guerra mondiale, si nota, invece, il solito difetto tipico di tanti romanzi populisti; e cioè che la componente utopistico-ideologica, in quanto predominante su quella realista, diminuisce grandemente l'elemento di *persuasione* socio-umanitaria che vuol essere fra gli aspetti più apprezzabili di questo tipo di narrativa. La solita antinomia tra virtuosi e rei, incapace di superare i termini base della dialettica sociale, finisce inevitabilmente per incepparsi in un utopismo inverosimile e quasi risibile.

Finita la guerra, il protagonista, di nome Attilio, ritorna in patria dopo un periodo di prigionia in Germania, e a Napoli riprende lavoro presso la S.A. Metallurgica. Presto insoddisfatto del clima che qui respira, estraneo com'è per natura ai sotterfugi e alla mentalità del compromesso, il protagonista capisce che i suoi valori non potranno trovare nessuna rispondenza in seno alla grande industria. Quest'ultima, fortemente controllata da interessi stranieri, impone agli operai condizioni di lavoro per nulla compatibili con le loro più immediate esigenze etico-economiche. Particolarmente gravoso è il regime di "spreco-materiali", tacitamente adoperato allo scopo di accrescere i profitti del gruppo padronale mediante un calcolato sistema di sfruttamento del salario operaio. La facile avaria cui sono soggette le varie componenti meccaniche viene fatta dipendere non già dalla loro predisposta deteriorabilità, ma da presunti atteggiamenti di incuria e incompetenza da parte dei lavoratori. Ignaro della situazione, e desideroso di ovviare a un inconveniente che si verifica con allarmante regolarità in un dato reparto, Attilio inventa in poco tempo un nuovo tipo di punta da trapano. Se adottato, quest'ultimo risolverebbe non solo il problema dello spreco del materiale, ma anche, e in particolare, l'ingiusto onore che ne deriva agli operai, ai quali si addebita ogni pezzo rovinato. La lentezza e la riluttanza dei dirigenti a mettere in pratica la nuova invenzione trovano spiegazione nel fatto che le punte facilmente avariabili erano state previste dalla madre ditta torinese, a sua volta ancella di ditte americane: "Certe cose escono fuori al buio come gli scarafaggi. Dunque si trattava di punte U.S.A. Pareva che il fornitore straniero, attraverso il nostro Governo, avesse tentato di sabotare la ditta, se essa non si fosse impegnata a consumare il medesimo quantitativo di punte, con le forniture di certe materie prime e con i prestiti in dollari."[24]

In questo modo, trova la sua via nel romanzo la componente antinomica, la quale consente lo sviluppo di uno dei suoi nodi di massima tensione. Il protagonista, circondato da persone che lo invitano a sottostare al gioco, a non "impicciarsi", si vede costretto, per ragione di coerenza morale, a schierarsi contro quelli che lo vorrebbero invischiato nelle loro reti di bassa complicità. Tutti, compresa la sua ambiziosa fidanzata Concetta, gli consigliano di far buon viso ai tempi che corrono, insegnandogli che più d'ogni cosa conta il profitto individuale. Attilio, invece, incapace di fingere, ed incoraggiato da alcuni amici operai i quali progettano la fondazione di una "cooperativa", finisce per allontanarsi dalla S.A. Metallurgica. Nella "cooperativa", il vero spirito operaio, libero ormai dai gretti interessi e dal regime di sfruttamento caratteristici di altri ambienti di lavoro, potrà affermarsi spontaneamente in un clima di genuino sodalizio umano. Una volta instauratasi questa *oasi* di giustizia, il romanzo acquista un andamento così sciropposo da conferirgli tonalità quasi da fiaba infantile. La S.A. Metallurgica e la "cooperativa" rappresentano due mondi manicheisticamente contrapposti: da una parte la grande industria, irta di intrighi bassezze egoismi; dall'altra, una comunità produttiva dove regnano il lavoro puro e la compattezza operaia.

Come le due fabbriche, così i personaggi appartengono sia all'uno che all'altro mondo, senza mezze tinte né gradazioni alcune. Concetta, piena di ambizioni e puntigli personali, non cerca che il proprio tornaconto; Maria, invece, è operaia dedita al suo lavoro e impegnata a fondo nel riscatto morale ed economico della sua classe. E perciò, come Attilio lascia la S.A. Metallurgica per la "cooperativa", così, in ossequio alle facili simmetrie presiedenti alla struttura del romanzo, finirà ugualmente per lasciare Concetta per Maria. Tutto il libro consiste in un progressivo allontanarsi da un tipo di vita borghese in favore di un *nuovo* sistema di

---

[24] Silvio Micheli, *Tutta la verità*, Einaudi, Torino 1950, pp. 138-139.

vita, in cui si accetterà l'uomo intero, e non già la sola parte che se ne rivela maggiormente sfruttabile. In quello che è un chiaro recupero, in termini marxisti, di un tema pirandelliano, il protagonista reclama il pieno riscatto dell'uomo e del completo superamento della società borghese, la quale preferisce vedere nell'uomo solo quello che le fa comodo vedervi, legandolo così a una sola manifestazione, a un unico gesto: ". . . di nuovo buttai lì che non è affatto giusto, prendere dell'uomo una sola parte secondo il *vecchio* sistema. Ecco qui, infatti, un Francesco Esposito detto Ciccio il quale, a un tratto, prende tutti i discorsi, ne fa un fascio e butta fuori la sua parte migliore di uomo, e nessuno gli dà retta poiché siamo avvezzi a giudicarlo secondo la sua parte peggiore che deriva non da lui, ma dal sistema." Un altro operaio, Stella, entra nella discussione indicando dov'è il male: "purtroppo si viveva ancora in una società borghese e quindi c'era poco da scegliere ma soltanto da lottare contro il suo sistema che è si capisce come lottare contro la parte peggiore dell'umanità e quindi dell'uomo."[25] Qui, mette conto rilevare soprattutto la *duttilità*, per così dire, delle tematiche del Pirandello, le quali, elaborate inizialmente da una sensibilità assai poco perfezionistica, si prestano, all'occorrenza, ad essere rimaneggiate in termini ideologico-attivistici assai poco compatibili con le loro premesse originarie.

Nella nuova dimensione eroico-mitica della "cooperativa", ogni minima espressione, ogni più insignificante gesto, acquistano nuovi e più pieni significati, inseriti come sono in un contesto eticamente *primordiale*, ancorché fortemente idealizzato, dove le azioni dell'uomo vengono riproposte in termini della loro comune base umanitaria. Così, per esempio, la costruzione di una nuova fresatrice universale, più grande e di gran lunga migliore di quante ve ne siano in commercio, assorbe l'intera comunità operaia in un unico e religioso sforzo lavorativo. Di fronte alla meta comune vengono meno ogni privata ambizione come ogni interesse personale. La fresatrice, man mano che prende forma, è sentita dai suoi costruttori quasi come una presenza fisico-umana, simbolo concreto di un felice combinarsi di vari apporti produttivi e del realizzarsi di una comune volontà. Ma più della generale euforia suscitata dalla costruzione della macchina, colpisce il tono ingenuamente precettistico con cui Attilio spiega agli altri operai come affrontare il loro lavoro. Intessuto com'è di aforismi e di *petite morale*, il sermoncello ricalca quella sentenziosità predicatoria tipica di discorsi sia d'ispirazione demagogica che semplicemente religiosa. Siccome quello che conta è la ricostruzione dell'uomo nuovo, dell'uomo comunista, in senso rigorosamente dottrinario

---

[25] Ivi, pp. 366-367.

l'apparente puerilità di una predicazione così stringentemente normativa non desta *a fortiori* né un senso di imbarazzo né tanto meno di insofferenza presso gli uditori:

> Una volta divisi secondo le proprie capacità, tenni loro due parole per dire in che cosa consistesse il nostro lavoro e badassero bene fin da principio a non fare mai un passo più lungo delle gambe se ci tenevano a diventare dei buoni operai. C'era un gran bisogno di buoni operai, ma non avessero paura: nessuno avrebbe mandato loro i carabinieri ai calcagni. - Meglio un centimetro al giorno con coscienza, dissi, - che troppa carne al fuoco come capita a chi crede di fare il furbo. Un buon operaio vale un buon ingegnere, un buon dottore: quello che conta è amare il proprio lavoro - . Poi dissi loro delle macchine e dissi che chi non vuol bene alle macchine, non può voler bene neppure ai cristiani ed è proprio di lì che si vede. - Un vero buon operaio è felice dietro alla sua macchina ed è giusto dunque che le macchine siano dei lavoratori che ci passano insieme la vita, - dissi: non sono parole se vi dico che a un certo punto esse diventano addirittura sangue del proprio sangue. Domandatelo ai vostri compagni in tuta. Provate a maltrattare loro la macchina e vedrete che cosa vi faranno.[26]

È interessante notare che, se non sapessimo già di trovarci nel campo dei *buoni*, le parole sopra riportate starebbe egualmente bene in bocca a un qualsiasi padrone d'azienda paternalisticamente intento ad assicurarsi la collettiva ubbidienza dei suoi dipendenti. Nel contesto dell'opera è chiaro, come del resto è cosa anche troppo trasparente nell'economia del romanzo, il tentativo di ricondurre gli operai a una fase di industria artigianale, in cui essi possano risentire ciò che significa amore per il proprio lavoro nonché per i propri consimili. Così ovvio è questo messaggio narrativo, spesso affidato a degli espedienti così banali come la giustaposizione degli aggettivi "nuovo" e "vecchio", che il lettore spesse volte non può che sentirsi goffamente menato per le lunghe. Il romanzo, infatti, si regge principalmente sulla dialettica opposizione tra 'vecchio' e 'nuovo', e perciò, incapace di svilupparsi in senso verticale, finisce inevitabilmente per affrontare ogni nuova situazione narrativa con intenti, metodi e soluzioni sempre analoghi. Ne risulta una assai piatta ed uniforme estensione orizzontale delle ben note premesse ideologiche che informano, predeterminandone la direzione, la pagina micheliana. Una volta stabilita la sua rotta, l'autore non ha altra scelta che percorrere fino in fondo la sua angusta strada. Così nella "cooperativa" sarà necessario, superate varie altre forme di vecchio stampo, superare anche tutte le vecchie ubbie, quale l'orgoglio personale che mai coincide con le aspirazioni della collettività. L'uomo nuovo, nella persona del pro-

[26] Ivi, p. 232.

tagonista, soffoca volentieri ogni sollecitazione individuale in vista del benessere e delle esigenze del gruppo. Attilio, allorché un giovane gli fa notare un errore che un suo progetto presenta, come prima (tradizionale) reazione ha un moto di insofferenza difensiva (" - No, - dissi -, invece ci avevo pensato"), ma subito dopo si rende conto di sbagliare a persistere in un tale atteggiamento ("mi guardarono e mi vergognai. Ma poi no. Capii che di padreterni non ce n'è, che nessuno è padreterno come ci hanno insegnato, e sei occhi vedono meglio di due . . .)".[27]

La giusta reazione di Attilio, sebbene ritardata da residui di una mentalità ancora in parte borghese, ha il suo immancabile contrapposto nella persona nell'ingegner Bandiera della S.A. Metallurgica. In conformità con le semplicistiche discriminazioni caratteriologiche tipiche di *Tutta la verità*, il Bandiera, pur di non cedere, è capace di portare un proprio errore, difeso solo per capriccioso puntiglio, a delle conseguenze disastrose. È uno dei tanti esempi del gretto egoismo inveterato nell'*empia Filiste* che la società nuova ridimensionerà radicalmente.

Alla fine del romanzo ha luogo uno sciopero organizzato per protestare contro la direzione della S.A. Metallurgica, la quale contempla il licenziamento di ben ottocento operai. Lo spirito di solidarietà, prima presente solo nella piccola cooperativa, si estende presto alla Metallurgica, finora un centro abbastanza reazionario, ed infine a tutta la città di Napoli, coralmente partecipe alle sorti degli operai della grande fabbrica in sciopero. Fra gli operai barricatisi dentro la fabbrica e la popolazione di fuori, si stabilisce un fitto intreccio di interesse e di lotta comune:

> Avvenne che un bottegaio del Vasto regalò una cassa di minestra. Un altro si fece largo per posare in mezzo alla piazza una damigianetta di olio di oliva. Così una verduraia dette dei cavoli, molti cavoli, rape e cipolle. Un altro gridò che portassero un carretto, era un macellaio di via Venezia con un bel quarto di bestia. Quindi principiarono a circolare i carretti.

Né solo Napoli si prodiga nei riguardi degli scioperanti. Arrivano farina dall'Emilia, viveri da Genova; i simpatizzanti di tutta Italia sono uniti nell'assecondare la protesta dei metallurgici, la quale si estende rapidamente

> ai commercianti, ai portuali, ai ferrovieri, ai servizi urbani. Tutta la città era nelle piazze, tranne quelli della Metallurgica che non mollarono il loro posto per impedire ai militi di occupare altrimenti la fabbrica.[28]

---

[27] Ivi, pp. 240-241.
[28] Ivi, pp. 382-383.

Un cotanto esempio di compattezza popolare fa ricredere il protagonista perfino sulla città di Napoli:

> Io non avrei mai creduto a una Napoli così. Me l'avessero detto, mi sarei messo a ridere, un tempo. Proprio vero!, mi ripetevo. Guardavo la folla e pensavo che forza è il popolo quando si unisce e ha coscienza di ciò.[29]

A una Napoli pigra e volgarmente tesa al raggiungimento del suo particolare benessere, alla Napoli cioè del fin troppo noto luogo comune, sottentra una Napoli redenta nei modi e nella sua mentalità, capace non solo di appoggiare una lotta in nome di un ideale di vita, ma perfino di capeggiarla.

Così fedele è il romanzo del Micheli a quelle che sono le *formule* del romanzo cosiddetto di protesta, che l'autore non tralascia di includere nella conclusione del romanzo il tema zoliano dell'immolazione catartica. Nella sparatoria che avviene allorché lo sciopero tocca il suo momento culminante, tra il numero dei morti risulta anche Oresta, sorella del protagonista:

> La trovammo seduta, addossata al calcio dello stesso capannone dove mezz'ora prima aveva raccolto quei fiori e mi sembravano anni. Teneva il capo piegato sul petto, un po' verso il cuore come cercasse di annusare ancora le cinque viole o si guardasse stupita la grossa macchia di sangue che continuava a sbocciare quasi fosse una rosa.[30]

La morte topica di un'innocente, se dal lato realistico convince per la sua spietata, ed aggiungiamo darwiniana, plausibilità, da quello artistico non può che ingenerare un certo fastidio per l'eccessiva facilità della sua simbologia, come anche per le indebite concessioni a un romanticismo ad un tempo vieto e lacrimoso. La componente patetica risulta doppiamente stonata causa lo scoperto uso che l'autore ne fa, subordinandola ai suoi intenti polemici chiaramente calcolati a suscitare lo sdegno di chi legge.[31]

Egualmente, lo scarso sviluppo dell'elemento erotico-sentimentale denuncia la stretta adesione, da parte di Micheli, alle più esplicite direttive che il marxismo prescrive a chi pretenda guidare gli uomini nella lotta per l'affermazione dei loro diritti. La volontaria rinuncia all'amore, indispensabile ad ogni *eroe* impegnato nella fase pionieristica della sua particolare civiltà, costituisce una delle tappe d'obbligo in *Tutta la verità*, dove vorrebbe armonizzarsi al clima di epica ricostruzione socio-ideologica che pervade da cima a fondo il romanzo. La passione amorosa, in quanto

---

[29] Ivi, p. 406.
[30] Ivi, p. 419.
[31] Fra le possibili antenate di Oresta ricordiamo Catherine del zoliano *Germinal*, la quale muore di inedia nelle tenebre di una miniera di carbone crollata per l'incuria dei padroni.

quasi sempre esercita sull'uomo una diminuzione delle sue energie idealistico-attivistiche, allontanandolo dai suoi fini originari di rigenerazione sociale, è da sacrificarsi in vista del giovamento che alla comunità umana può derivare solo da un totale e pienamente disinteressato impegno etico-politico. Ed anche qui, fra i tanti modelli filosofico-narrativi cui direttamente od indirettamente queste pagine micheliane si rifanno, pare soprattutto di riudire la voce del Pavel gorkiano che spiega a un compagno quale debba essere la vita di un vero rivoluzionario: "Se ami il futuro devi rinunciare a tutto nel presente — a tutto, fratello!".

Sul piano strutturale-contenutistico *Tutta la verità* non presenta certo nessuna innovazione in quello che è lo schema tematico tradizionale della letteratura a sfondo protestatario. Il Micheli ripete, spesso in modo assai pedissequo, tutti i più noti *topoi* della narrativa populista, quali li troviamo ampiamente elaborati nelle opere di uno Zola e di un Gorky. Pertanto, lungi dall'essere un romanzo di fabbrica, gratuita che sia tale designazione, l'opera del Micheli si articola in maniera essenzialmente preindustriale; investendo, cioè, quelli che sono piuttosto dei problemi etico-politici anziché tecnologico-esistenziali. Tuttavia, una così ovvia, e sotto alcuni aspetti ingenua, riproposta di un genere narrativo che ebbe la sua prima e perciò più vera giustificazione nel clima socio-economico peculiare alla fine dell'Ottocento e agli inizi del Novecento, si capisce solo se esaminato alla luce della particolare situazione politica che venne a crearsi in Italia alla fine del secondo conflitto mondiale. È chiaro che, in ogni periodo di riassestamento, specialmente se susseguente a un profondo rovesciamento delle più intime strutture di una società, si ripresenti, in mezzo al risultante caos, la necessità di ridefinire quelli che sono, o dovranno essere, gli istituti maggiormente in grado di offrire quelle garanzie di giustizia e società di cui tutti gli uomini sentono il bisogno.

3. Giovanni Arpino, *Una nuvola d'ira*: due operai non fanno società

È con il romanzo *Una nuvola d'ira* di Giovanni Arpino che il quadro storico-ideologico che stiamo tracciando si completa. In un clima politico-economico assai diverso da quelli esaminati finora, nell'opera arpiniana assistiamo al tentavio da parte dei personaggi di distinguersi dagli altri, di uscire cioè in maniera singolare da una vita ispirata a criteri ed aspirazioni borghesi.[32] I personaggi, Sperata ed Angelo, e di riflesso il povero Matteo, marito di Sperata, cercano di impostare la loro vita in

---

[32] Il Mariani, esaminando questo e altri romanzi di Giovanni Arpino, stabilisce una linea di sviluppo di certi temi fondamentali della sua narrativa (cfr. Gaetano Mariani, *La giovane narrativa italiana tra documento e poesia*, Le Monnier, Firenze 1962, pp. 60-77.

maniera diversa, sia per concretare in un preciso *modus vivendi* il loro concetto di società, sia, e forse più verosimilmente, per mascherare, con il paravento di pseudo-ideologie, un legittimo senso di colpa per le umiliazioni che i due amanti sanno di procurare al marito. In occasione di una festa di fidanzamento , cui partecipano i tre personaggi principali, succede un episodio che vuol essere illustrativo delle differenze socio-etiche che separano i protagonisti dagli altri, rimasti ancora legati a una tradizione ingiusta ed incivile. A un certo punto della serata, la promessa mostra un ciondolo, un coltellino, regalatole dal suo futuro sposo in pegno di fedeltà coniugale: qualora egli le mancasse di fede, essa è autorizzata a servirsi di un coltello vero per vendicarsi dell'onta. Eticamente sconcertato da una simile dichiarazione, e trascinato dalla sua abituale foga politico-ideologica, Angelo si mette ad inveire contro tanta arretratezza mentale, scorgendovi le vere ragioni che ostacolano il completo progresso tecnico-umano del paese:

> "Ma vedi che ragioni come una bestia" [parla al fidanzato] gridò Angelo, pallido, "proprio non ti rendi conto . . . Si capisce allora che non si va avanti un metro . . . Tutti ci spadroneggiano, grazie a gente come te . . . "[33]

Anche Matteo, riscaldato dal discorso e un po' dal vino che ha bevuto, interviene a favore di Angelo, dichiarando che loro sono ben differenti. Crudelmente ironiche, le parole di Matteo sottolineano la posizione di terzo incomodo che, in casa propria e senza che ne abbia chiara coscienza, egli è venuto ad assumere.[34] Inferiore agli altri due, egli vive nella loro ombra, consapevole solo di essere succube ora dello spigliato ragionare di Angelo, ora della superiore forza di carattere della moglie. Perfino i suoi momenti di intimità coniugale, divenuti rari e fuggevoli, avvengono, eseguiti in maniera quasi animalesca, nel buio della notte, spesso quando la moglie è addormentata:

> Una notte — e dopo quella altre, sempre meno vaghe — girandomi nel sonno m'ero sentita improvvisamente abbracciata e frugata e schiacciata, in un fiotto di parole affannose e incomprensibili. E rispondendo

---

[33] G. Arpino, *Una nuvola d'ira*, Mondadori, Milano 1962, p. 71.
[34] L'intervento da parte di Matteo viene visto da un critico come "un dare sulla voce al sentimento di gelosia che sente urlare in sé. Il quale sentimento fatalmente dovrà avere il sopravvento, con l'esito catastrofico che sappiamo, ad onta della volontà di comprimerlo" (Piero de Tommaso, *Arpino e le antinomie della coscienza operaia*, "Belfagor", n. 3, 31 marzo 1962, p.343). In quanto espressione del subconscio di Matteo, ora portato al livello cosciente, tale interpretazione è in armonia con quanto stiamo dicendo a proposito del personaggio, l'unica vera vittima del romanzo. Non bisogna dimenticare, inoltre, il suo costante desiderio (quasi sempre represso) di rivaleggiare con Angelo, sebbene si riconosca inferiore.

all'abbraccio m'ero svegliata, con lentezza persino dolorosa, senza rendermi conto. Solo dopo qualche minuto avevo indovinato Matteo e allora ero restata ferma a subire. Soltanto: "Presto, su, fa presto" gli avevo detto. Finché lui era scivolato via, silenzioso nel buio come un ladro.[35]

Sin dall'inizio del romanzo, dove lo troviamo all'ospedale in attesa di essere operato di urgenza, un alone di tragicità si addensa sulla povera figura di Matteo. È, infatti, a causa della grave indisposizione di quest'ultimo, con le violente ancorché comprensibili aberrazioni che essa provoca, che l'azione narrativa può avviarsi con certa coerente linearità verso le sue soluzioni finali. In questo modo, Arpino rompe quella tensione etico-emotiva creata dal fragile equilibrio domestico, preferendo invece affidare lo sviluppo del suo assunto a degli espedienti drammatici di una discutibile efficacia.

L'episodio centrale, con la sua ovvia funzione di peripezia, che segna la svolta decisiva nell'azione, preparando così da lontano la catastrofe finale, avviene una sera quando Angelo e Sperata, rientrando dal cinema, trovano la casa a soqquadro:

> Il frigorifero giaceva a terra su un fianco, con la porta quasi scardinata. Vetri e reticelle metalliche sfondate dappertutto, e due bottiglie di coca cola, il fiasco di vino, il fiasco della conserva di pomidoro fracassati macchiavano il pavimento. Il televisore, trascinato fin lì dal salotto, era squarciato, come pestato a calci, e così la gabbia dei canarini. Sotto le stecche distorte, la coppia d'uccelli era solo più un mucchietto di piume immobili spiaccicate.[36]

Scappato dall'ospedale alla vigilia del suo intervento, Matteo era ritornato a casa per compiere questo gesto di distruzione, che rappresenta un ultimo disperato tentativo di sfogare quel senso di angoscia e d'impotenza che sordamente aveva covato nel suo intimo. Una volta estrinsecato, in un concreto segno di disprezzo, il suo tormentato e a lungo represso risentimento, egli si dilegua nella notte sulla moto di Angelo. Da questo punto fino alla tragica conclusione del racconto, Sperata ed Angelo saranno impegnati nella ricerca, ogni volta infruttuosa, del moribondo marito. Il Tondo, che non risparmia elogi a questa, secondo noi, fra le meno brillanti prove narrative dell'Arpino, vede "l'ansioso correre [dei due amanti] in cerca di Matteo . . . come un viaggio di espiazione e insieme di ricerca di se stessi."[37] Quando finalmente lo trovano agonizzante in fondo a un burrone, Sperata e Angelo, sempre secondo il critico, giungerebbero

---
[35] G. Arpino, cit., pp. 75-76.
[36] Ivi, p. 108. Come giustamente osserva il de Tommaso: "Oggetti ai quali più tiene sua moglie" (P. de Tommaso, art. cit., p. 340).
[37] Michele Tondo, *Cronache di narrativa contemporanea*, Montemurro, Matera 1966, p. 99.

alla piena consapevolezza del loro errore, dichiarandosi i veri responsabili della morte dello sfortunato coniuge. Il Tondo, ci sembra, attribuisce ai due amanti un senso di fondamentale onestà e giustizia maggiore di quello che in realtà posseggono. Essi, invece, sono furbescamente disposti, per spegnere in sé ogni possibile residuo di colpa, a strumentalizzare non già il proprio sentimento, ma i segni esteriori e perciò più agevolmente sfruttabili di quella naturale tensione etica tra diritto e dovere che essi sanno essere alla base di ogni sentimento umano. La situazione etico-psicologica qui rapidamente tratteggiata da Arpino ricorda quella assai analoga nello sveviano *Senilità*, e precisamente laddove Emilio Brentani si serve dell'agonia e la morte della sorella, in senso autocatartico, per liberarsi della colpa di cui si sa maggiormente reo: l'indifferenza. Più che di commissione, il *peccato* più tipico dell'uomo moderno rimane pur sempre uno di omissione.

Come conclusione (morale) del romanzo, siamo informati dai protagonisti, in quello che vorrebbe essere un momento di sincera e penetrante introspezione, "che cercare di fare meglio, da soli, è impossibile."[38] Questo che sembra volersi gabellare per il cosiddetto messaggio del libro, e che da molti potrà essere accolto come tale, non crediamo sia altro che la necessaria conclusione della finzione cui i due amanti hanno voluto affidare lo sviluppo *pratico* dei loro convincimenti ideologici. Invece, da uno scrittore come l'Arpino che nelle altre sue opere, e in particolare ne *La suora giovane*, ha dato prova di una notevole intelligenza narrativa, possiamo aspettarci, anche dietro le sue pagine in apparenza meno riuscite, contenuti senz'altro più scaltriti, e più filosoficamente validi. Il tema più intimo del libro, perciò, dovrà ricercarsi nel lento e capillare dipanarsi della dialettica etico-esistenziale tra le più vere, e pertanto irreprimibili, esigenze dell'*Ego* e quel costante e tanto faticoso ossequio che società e tradizione richiedono si faccia loro. Nel caso specifico: l'amore che i due amanti provano l'uno per l'altra, e l'ostacolo, ad un tempo morale e pratico, che al loro sentimento costituisce la presenza del marito. Non già per normalizzare un tale stato di cose, accontentandosi di accettare, insieme ai suoi rispettivi obblighi, il tipico *ménage à trois*, essi sentono invece di dover inserire il loro rapporto in una dimensione che permetta loro non solo di muoversi in assoluta libertà da ogni costrizione etico-sociale, ma di servirsi della loro particolare situazione come un preciso mezzo di autodistinzione. Dall'ideologia comunista, o meglio da quella che a loro fa comodo interpretare per tale, mutuano la componente iconoclastica che bene si attaglia al clima metamorale che essi cercano di instaurare, e che

---

[38] G. Arpino, cit., p. 175.

serve loro per legittimare (trasponendola sul piano dell'ideologia) la sofferenza che ora più ora meno sanno di infliggere al marito. Questi poi, nell'illudersi, sebbene con cognizione assai minore, di assecondare gli ideali di spregiudicatezza e di rinnovamento predicati dagli altri due, non fa che acuire — con la sua partecipazione patetico-grottesca — il loro inevitabile senso di colpa.

In questa luce, anche la soluzione finale che "cercare di fare meglio, da soli, è impossibile", è da leggersi come un ennesimo segno della loro ricorrente necessità di autoingannarsi. Di illudersi, cioè, — ma con l'intima consapevolezza che si tratta pur sempre di un'illusione — di aver compiuto un efficace scavo etico-conoscitivo nel loro intimo, e di averne rinvenuto il salutare effetto che solo una corrosiva contrizione può produrre. Così, una volta ingannati se stessi, possono procedere a rovesciare sugli altri il peso delle proprie conclusioni. In questo gioco psico-intellettualistico, che non manca di una certa sottigliezza, il senso di colpa fa da necessaria espiazione della colpa stessa (e qui siamo d'accordo con il Tondo), di guisa che la morte del mai in realtà compianto Matteo può servire da conveniente premessa alla futura relazione che Sperata e Angelo, ingannati i requisiti di una ferale mestizia, non mancheranno certamente di proseguire, sicuri ormai di poterla intensificare in un'atmosfera d'immolestata intimità.

Se questo romanzo dell'Arpino non può dirsi del tutto riuscito, è perché tra il presupposto etico-esistenziale che siamo venuti illuminando e il labile paravento che i due protagonisti si costruiscono per meglio assecondare le spinte del proprio egoismo, manca un vero rapporto di proporzionalità. Troppo estranea è la ovvia e direi brutale perentorietà del loro egoismo sentimentale alla sfera socio-ideologica dove, per quanto di loro fattura, essi tentano di inserirlo, per poterci veramente convincere della loro intima sincerità.

È interessante notare i vari paralleli che *Una nuvola d'ira* presenta con *Tre Operai*, i quali, pur trattandosi di due opere cronologicamente assai lontane l'una dall'altra, sembrano alludere, quasi al di sopra della storia e del tempo, all'irrisolvibile dicotomia tra idealità e realtà. Particolarmente in *Una nuvola d'ira*, data la più matura ancorché arbitraria consapevolezza ideologica dei protagonisti, tale divario viene posto in maggiore e più allarmante rilievo. In queste due opere, vicine per certe tangenze contenutistiche come per la somiglianza delle soluzioni finali, colpisce soprattutto la darwiniana crudezza del loro realismo che deve interpretarsi come ammissione di scetticismo circa la possibilità di un riscatto dell'uomo in termini socio-politici. Sul piano più strettamente narrativo, poi, gli ovvi addentellati che l'opera arpiniana ha con quella del Bernari, avvalora l'importanza paradigmatica dei primi romanzi populista-industriali per quelli che, all'indomani della Seconda Guerra Mondiale, si rioccuperanno del fenomeno.

In *Una nuvola d'ira* non avviene, s'è visto, il superamento auspicato dall'ideologia marxista delle viete posizioni di stampo cattolico-borghese; e forse proprio questa esperienza fallimentare era quella che all'Arpino premeva, più d'ogni altra, illustrare. I personaggi da cui, fino ad un certo segno, sembrava lecito aspettarci un tale passo avanti, Sperata ed Angelo, rimangono paurosamente, e aggiungiamo forse anche troppo realisticamente, al di qua delle realizzazioni implicite nei loro programmi perfezionistici. Per questo, i loro cosiddetti *ideali*, nella maggior parte dei casi si riducono a vuoti compiacimenti, motivati in particolar modo dal desiderio di crearsi una situazione erotica tutta loro, e che sui personaggi esercita un chiaro effetto alienante. Come giustamente osserva il Salinari, è senz'altro vero che, secondo perfino la più lata interpretazione del marxismo, la conclusione cui Sperata ed Angelo pervengono è negativa al massimo.[39] La dissoluzione della famiglia tradizionale non fa da premessa alla fondazione della nuova famiglia comunista-operaia. I presupposti ideologici, mai adottati con sincera ed obiettiva coscienza, troppo presto urtano contro ambizioni affatto personali; e sui tentativi di affratellamento e livellamento sociale prevalgono invece moti puramente individualistici quando addirittura non velleitari.[40] A conclusioni private, del resto, volutamente antisociali, pervengono moltissimi personaggi della narrativa industriale. Anzi, accanto ai temi più generali dell'alienazione e dell'incomunicabilità, il tema dell'individualismo anarchico, anche laddove per le tendenze sociali morali e politiche dell'autore ci aspetteremmo soluzioni di carattere più democratico, costituisce uno dei punti fermi di gran parte della narrativa italiana moderna.

---

[39] Carlo Salinari, articolo su *Una nuvola d'ira*, in "Vie Nuove", 8 marzo 1962.
[40] Cfr. G.C. Ferretti e R.M. Di Marco, *Operai, piccoli borghesi in tre romanzi italiani: Una nuvola d'ira; Il giardino dei Finzi Contini; Conoscenza per errore*, ne "Il Contemporaneo", n. 46-47, marzo-aprile 1962.

III
L'ALIENAZIONE COME MODUS VIVENDI

1. L'alienazione marxista nella storia e nella letteratura otto-novecentesca

Per poter valutare giustamente il concetto che Marx aveva della alienazione, occorre, in senso rigorosamente socio-filosofico, inquadrare le sue teorie riguardanti tale fenomeno nel periodo di transizione dal lavoro di tipo artigianale a quello industriale. Indipendentemente dai mali insiti in quest'ultimo, è noto come Marx scorgesse alla base dell'alienazione, che egli considerava principalmente nelle sue implicazioni sociali e pragmatiche, una radicale condizione di sfruttamento fisico-economico con il capitalista schierato contro il lavoratore. L'esistenza dell'uno essendo esclusivamente in funzione dell'altro. Il capitalista, perciò, — e non la macchina —, sarebbe in ultima analisi la vera causa dell'alienazione operaia:

> L'ente *estraneo*, al quale appartiene il lavoro e il prodotto del lavoro, al servizio del quale sta il lavoro e per il godimento del quale sta il prodotto del lavoro, può essere soltanto l'*uomo* stesso. Quando il prodotto del lavoro non appartiene all'operaio, e gli sta di fronte come una potenza estranea, ciò è solo possibile in quanto esso appartiene a un *altro uomo estraneo all'operaio*. Quando la sua attività gli è penosa, essa dev'essere *godimento* per un altro, gioia di vivere di un altro. Non gli Dei, non la natura, soltanto l'uomo stesso può essere questa potenza estranea sopra l'uomo.[1]

Né mancano, nel corso dell'Ottocento, riflessi narrativi delle condizioni socio-lavorative, spesso indicibili, che, presenti nella sua epoca, dovettero ispirare a Marx l'ideazione di un sistema etico, politico, economico e filosofico inteso non solo ad alleviarle, sibbene a rimuoverle radicalmente. Oltre al già ricordato *Germinal* dello Zola, anche nel romanzo *Hard Times* del Dickens (1854), vediamo le afflizioni e gli effetti disumanizzanti caratteristici di una società industriale dipendere precipuamente dai sistemi di produzione imposti dai capitalisti. Anche nel noto *A Christmas Carol*, sempre di Charles Dickens (1843), per quanto sollevato sul piano della fiaba morale-esemplare, sono chiaramente delineate le inguistizie socio-

---

[1] Karl Marx, *Manoscritti economico-filosofici*, nel vol. *Opere filosofiche giovanili*, (trad. it. di Galvano Della Volpe), Edizioni Rinascita, Roma 1950, p. 233.

etiche presenti in una società gerarchizzata in base ad una disuguale distribuzione del capitale. Trattandosi, però, di un'opera rispondente più a un'ispirazione di tipo romantico che politico-idealista, bastano le manifestazioni di sana ed affettuosa concordia domestica che Scrooge vede nella famiglia del suo povero dipendente ad indurlo a cambiare la sua tetra e meschina esistenza. Nella favola dickensoniana, di fronte alla ricchezza spirituale della famiglia di Bob Cratchit, la ricchezza materiale del suo padrone è vera povertà.

Di riscontro, marxisti e teorici sociali moderni, poiché la realtà industriale di oggi è sostanzialmente diversa da quella ai tempi di Marx, tentano di aggiornare le teorie del pensatore tedesco alla luce dei precisi mutamenti progressivamente verificatisi nel settore socio-industriale. Fra questi, sintomatica può dirsi la posizione di un Pizzorno, il quale, se parte da una definizione quanto mai tradizionale del fenomeno, per cui "c'è alienazione quando l'uomo non è più in rapporto con il prodotto del suo lavoro", finisce nondimeno col discostarsi da Marx allorché individua la causa dell'alienazione non già nel preciso antagonismo tra padrone e operaio, ma nella fredda impersonalità di tutta l'organizzazione moderna.[2] Al classico dualismo marxista tra operaio e capitalista, il Pizzorno sostituisce quello fra operaio e organizzazione scientifica:

> il lavoro viene organizzato scientificamente, quando cioè la divisione del lavoro viene perfezionata fino a separare dall'esecuzione ogni possibile interpretazione del lavoro, allora anche quest'ultimo rapporto tecnico è abolito, e lavorare significa semplicemente inserire gesti in una cadenza rispettando le tolleranze.[3]

La differenza, purtuttavia, è soprattutto d'ordine terminologico, in quanto l'alienazione è vista pur sempre come un evitabile *sottoprodotto* degli istituti di una precisa classe sociale, intenta solo a salvaguardare la continuità dei propri sistemi di produzione.[4]

All'inopportunità storico-critica di parlare di alienazione in termini tradizionalmente marxisti, va aggiunto l'equivoco che spesso nasce a proposito dell'alienazione che deriva dalla confusione in sede teorica dei

---

[2] Con molta sensibilità il critico vede che "resta possibile il rapporto tecnico con lo strumento, rapporto pur chiuso entro appena un segmento del ciclo produttivo, da gesto a macchina; una 'sensibilità di macchina' può fisiologicamente e moralmente sostituire la 'sensibilità di lima'" (A. Pizzorno, *Alienazione e relazione umana nel lavoro industriale*, "Nuovi Argomenti", n. 8, maggio-giugno 1954, pp. 135-146).
[3] A. Pizzorno, art. cit., p. 135.
[4] Le osservazioni del Pizzorno, che portano la data del 1954, possono in gran parte dirsi superate dai più recenti sistemi di produzione, i quali tentano di ovviare alla noia che deriva dalla monotona ripetizione di un unico gesto, mediante la variazione del lavoro presso i singoli operai. Nelle opere del sociologo francese Georges Friedmann viene ampiamente

due principali tipi di alienazione: quella marxista e quella esistenziale.[5] La prima, in quanto idealista, scorge in una serie di azioni politico-riformistiche il possibile alleviamento delle angosce umane; mentre la seconda, fondamentalmente pessimista, attribuisce le sofferenze (psicologiche) di cui tutti gli uomini in vario grado sono vittime al mero ed immutabile fatto che si esiste. Del resto, di tale naturale confusione Marx stesso rivelava un'intima, ancorché poco articolata convinzione, allorché scriveva in un suo primo lavoro che "la classe abbiente e il proletariato rappresentano la stessa auto-alienazione umana."[6] Osservazione che, per quanto intesa forse più in senso fisico-economico che metafisico, contiene già in germe tutte le premesse dell'alienazione moderna, dalla quale, come scrive Montale, nessuno è salvo: "alienati sono tutti, dirigenti e dipendenti, uomini politici ed elettori, uomini che si illudono di fare la storia (ma che in cuor loro sanno che non è vero) e uomini che sono materia prima, combustibile di un fuoco che essi ignorano, ma che vorrebbero ribellarsi, uscire dai quadri dell'anonimato . . . ".[7] È pertanto con tale accezione del termine che conviene avvicinarsi ai vari romanzi d'industria, dove l'alienazione dei personaggi di solito è in diretto rapporto al loro particolare tipo di lavoro: maggiore la sensibilità dell'uomo e più importante il suo ruolo nella fabbrica, maggiore il suo grado di alienazione. Per questo, alienati saranno in particolare coloro che svolgono mansioni di tipo tecnico-amministrativo; e la misura della loro alienazione aumenta in rapporto al loro tentativo di rimediare al senso di isolamento e di estraniamento che pesa su di loro, chiudendosi in forme di una privata e quasi sempre sterile anarchia.

La cosiddetta alienazione dell'operaio rimane essenzialmente una considerazione di carattere accademico, e pertanto esistente assai meno nella vera condizione industriale quanto nella mente dell'intellettuale che ama

dimostrato che l'alienazione nell'operaio diminuisce in proporzione alle maggiori responsabilità, e quindi consapevolezze tecniche, che gli vengono affidate all'interno della fabbrica. Superato il problema di questo tipo di alienazione, o più semplicemente quello della noia di dover compiere sempre gli stessi movimenti, l'operaio diventa psicologicamente meglio disposto nei riguardi del suo lavoro. Conviene ricordare a questo proposito il film di Chaplin, *Tempi Moderni*, dove appunto viene messa in evidenza la riduzione dell'uomo a una serie di gesti meccanici. Commentando la celebre scena della catena di montaggio, il Fortini dice: "tragicomica non è la catena di montaggio, né l'anarchia e ovvia reazione di Charlot, ma la serietà degli altri operai, il loro interesse al buon andamento produttivo, la persuasione di stare adempiendo un dovere. Perché non sono alienati dalle macchine ma dai padroni delle macchine" (Franco Fortini, *Verifica dei poteri*, Il Saggiatore, Bologna 1965, pp. 68-69).
[5] Per una lucida esposizione del problema rimandiamo al già citato lavoro del Pappenheim, *The Alienation of Modern Man*.
[6] Karl Marx, op. cit.
[7] Eugenio Montale, *L'uomo alienato*, "Il Corriere della sera", 29 aprile 1962.

immaginare alienato l'operaio, onde poterne progettare il riscatto — la liberazione — mediante un preciso programma di ristrutturazione socio-morale. Nel senso metafisico è probabile che l'operaio sia meno alienato di tutti, proprio in virtù degli ostacoli e delle avversità di cui è irto il suo arduo cammino. Per quanto abbrutente e massacrante il suo lavoro in fabbrica, tanto sul livello fisico che morale, esso — tenendolo avvinto ad un implacabile ritmo materiale di produzione — lo dispensa da quella precisa alienazione, la cosiddetta angoscia esistenziale, che è il frutto precipuo di un tipo di vita dove i tradizionali rapporti tra uomo e uomo hanno subito un tale processo di rarefazione da apparire quasi del tutto sostituiti da altri e in apparenza meno ossessivi schemi comportamentalistici. È precisamente quando l'individuo, e qui ci si riferisce in particolare all'intellettuale, si rende conto del carattere illusorio e meramente esteriore dei presunti acquisti che sarebbero stati registrati dalla società moderna, e cerca appunto di reagire alle mistificazioni di cui finalmente si riconosce l'ingenua e consenziente vittima, che scatta quel meccanismo difensivo il quale finisce per dissociarlo ancora di più da un tessuto sociale di cui il suo occhio ormai disincantato non fa che aumentare le insidie. È ovvio che anche l'operaio si rende conto della medesima situazione; ma mentre l'intellettuale quasi sempre reagisce sul piano di una vanificante ribellione personale, l'operaio, vuoi per necessità vuoi per elezione, porta i termini della lotta nel vivo della questione sociale, sperando di rinvenirvi i presupposti di una esistenza migliore.

Essendo la macchina, inoltre, l'unica vera presenza a distinguere l'ambiente operaio da qualsiasi altro ambiente di lavoro, non sorprende come ogni discorso sull'alienazione operaia prima o poi cerchi di appurare il grado di responsabilità che riveste la macchina nel processo alienante. La complessità del problema è evidenziato dalle moltissime e spesso contrastanti reazioni, tanto nel campo empirico quanto teorico, che esso ha sempre suscitato. C'è, per esempio, come già John Ruskin, e più recentemente Romano Guardini e Gunthers Anders, chi preferisce vedere nella macchina la causa principale del fenomeno;[8] mentre altri, e sono i più, convinti del valore meramente strumentale della macchina, individuano i difetti dell'industria nelle sue gerarchie direttive. Persino lo Zolla, uno dei critici moderni più sensibili agli effetti dell'industrializzazione, ritiene la macchina "neutra nel processo d'assoggettamento dell'uomo", e riconosce con Marx che l'essere o meno

---

[8] Cfr. John Ruskin, *The Nature of Gothic*, nel 2. vol. di *The Stones of Venice*, 1853; Romano Guardini, *Die Macht*, Werkbund Verlag, Würzburg 1965, p. 55; e Gunther Anders, *The World as Phantom and as Matrix*, in "Dissent" (Inverno 1956).

vittima della macchina dipende solo dall'uomo.[9] Anche chi, come Ottiero Ottieri, in sede puramente speculativa sostiene il contrario, e cioè che "innanzi tutto, la presenza della macchina è il fattore determinante dell'alienazione operaia"; trattandosi poi di scendere dal piano teorico a quello pragmatico, rivela una soluzione pratica che ben poco conserva delle premesse teoriche.[10] In *Tempi Stretti*, infatti, Ottieri tenta la soluzione dei vari problemi della classe operaia non già dal punto di vista tecnico-meccanico, bensì da quello socio-politico. L'inevitabilità di una tale direzione viene evidenziata molto bene in un passo del suddetto romanzo quando una chiara miglioria tecnica viene subito sfruttata in senso economico:

> La Ratti aveva scoperto un trucco molto semplice: aveva fatto smussare uno spigolo del banco, contro cui temevano di ferirsi, rallentando il lavoro. Tutti gli spigoli vennero limati e il cottimo aumentò con quella trovata.[11]

Se il trapasso dal sistema padronale capitalistico a quello neocapitalistico, in cui tutti, in virtù di un'anonima partecipazione finanziaria, sono *padroni*, non ha comportato il superamento dell'alienazione, ciò rivela la nuova e fondamentalmente diversa accezione semantica che il termine, passando da un significato quasi fisico ad uno metafisico-psicologico, ha finito per acquistare. Tuttavia, siccome le ragioni dell'alienazione vanno pur sempre ricercate al di fuori dell'uomo, l'originale impostazione di Marx, sul piano narrativo, come e soprattutto su quello teorico, perdura nel tempo.

Nei romanzi di fabbrica i personaggi addetti a lavori di tipo manuale, lavori cioè che richiedono scarsa attitudine tecnico-mentale, o non appaiono per niente alienati, oppure non rivelano alcuna consapevolezza di esserlo; che forse è quanto dire, sul piano psicologico-esistenziale, che non lo sono. Perciò i personaggi che si affollano nella narrativa di un Testori, i quali si muovono in un mondo sotto molti aspetti paraindustriale, quando non addirittura preindustriale, nella misura in cui danno libero sfogo ai loro "sentimenti primordiali di amore, guadagno, affetto familiare, sacrificio, ecc.", non possono certo dirsi alienati.[12] Con delle lievi eccezioni, la stessa osservazione vale anche per i personaggi che popolano i romanzi del Pratolini, i quali fanno capo a un sentimento corale, di gruppo socio-umano.[13] Alienatissimi, invece, sono coloro che espletano lavori di

---

[9] Elémire Zolla, op. cit., p. 9.
[10] Ottiero Ottieri, *La Linea Gotica*, Bompiani, Milano 1962.
[11] Ottiero Ottieri, *Tempi Stretti*, Einaudi, Torino 1964, p. 185.
[12] G. Barberi Squarotti, *La narrativa italiana del dopoguerra*, op. cit., p. 194.
[13] Antonio Russi, *Gli anni della antialienazione*, Mursia, Milano 1967, pp. 138-141.

maggiore impegno sia all'interno della fabbrica che ai suoi margini; quali, per esempio, il personaggio principale de *Il Senatore* di G. Buzzi, quello de *La Vita Agra* di L. Bianciardi, il protagonista de *Il Padrone* di G. Parise, tutti i personaggi della commedia *Venditori di Milano* di Ottieri, eccetera.

Dei tanti personaggi *alienati*, inoltre, quasi nessuno si muove entro gli schemi di un esplicito programma politico. Di solito, è al di sopra o al di fuori della politica che essi si esprimono, trincerandosi in forme di vita affatto personali. Soluzione, evidentemente, che contraddice la vera alienazione, secondo cui l'uomo alienato — pur avvertendo un doloroso distacco tra sé e le cose, tra sé e gli altri — continua a vivere in un contesto sociale, nonché a contribuirvi quasi sempre in maniera sostanziale. Se paragoniamo tale tipo di alienazione alle manifestazioni individualistiche di molti personaggi *industriali*, notiamo nel loro comportamento più i segni di una anarcoide ribellione anziché di una sofferta rassegnazione ai dettami di una soverchiante ed irreversibile realtà.

Ad ulteriore illustrazione del divario tra i due tipi di alienazione sopra esposti, giova ricordare i nomi di Kafka e Pirandello; scrittori che hanno in comune l'aver messo in risalto la estrema fragilità dell'uomo, visto essenzialmente in una prospettiva metapolitica, come anche la sua estrema tenacia. Su Kafka avremo occasione di ritornare altrove; qui ci basta indicare come i suoi personaggi, nonostante siano senz'altro alienati, si muovono sempre all'interno di uno o più gruppi. Il fatto che non vi sia vera comunicazione fra i membri di questi gruppi, non ne comporta di necessità la totale emarginazione fisica. In maniera assai simile ai personaggi kafkiani, quelli di Pavese continuano a muoversi in una certa prossimità fisica rispetto agli altri, anche se con essi non sono in grado di stabilire rapporti di genuina comunicazione. Fra i primi in Italia ad aver interpretato lo sgomento e il senso di impotenza che l'individuo prova di fronte a una civiltà già sulla via della meccanizzazione, nei *Quaderni di Serafino Gubbio operatore* (1915) Pirandello ci offre una delle più compiute rappresentazioni dell'alienazione. Accanto alla più ovvia alienazione dello stesso Serafino, ridotto charlottianamente a girare incessantemente la manovella di una macchina da ripresa cinematografica, la figura del vecchio violinista, che ha imparato dall'esperienza che ormai è la macchina a padroneggiare l'uomo, rimane "il simbolo della sorte miserabile, a cui il continuo progresso condanna l'umanità".[14]

Che l'alienazione sia un fenomeno riguardante in prevalenza una certa

---

[14] Luigi Pirandello, *I quaderni di Serafino Gubbio operatore*, in *Tutti i romanzi di Pirandello*, a cura di C. Alvaro, A. Mondadori Ed., Milano 1959, p. 1120. Per un esame assai perspicace di questo importante romanzo sull'alienazione rimandiamo all'ottimo studio di Roberto Tessari, *Il mito della macchina*, Mursia, Milano 1972, pp. 321-337.

classe è ampiamente attestato perfino in romanzi di esclusiva ambientazione industriale, dove peraltro i personaggi sono quasi tutti operai. in *A proposito di una macchina* di Giovanni Pirelli, per esempio, tale condizione viene evidenziata mediante un bizzarro ma assai espressivo scarabocchio, inteso a denunciare graficamente lo stato etico-psicologico del personaggio in questione, il quale, mentre parla al telefono con un superiore, disegna su un foglio diverse file di ometti:

> Ne disegna un'intera fila all'estremità inferiore del foglio, da margine a margine. Sono ometti senza testa. Invece quelli della seconda fila, più radi, equidistanti, hanno una sola gamba, un braccio e metà testa . . . Terza fila di ometti ancora più radi e non tutti equidistanti. Non hanno gambe, hanno un solo braccio e la testa sferica. Quarta fila: gli ometti . . . sono senza gambe né braccia. Le teste hanno la forma di bidoni più o meno allungati. Non arrivano alla dozzina.[15]

Chiaramente, tale piramide di *mutilati* simboleggia le varie categorie all'interno di un complesso industriale; dai "senza testa" — la più infima manovalanza — su su fino ai 'tutta testa', — il gruppo direttivo. Da tutti l'industria ha esatto un particolare sacrificio, ognuno essendo costretto ad alienarvi una parte di sé. Quelli ad essere maggiormente alienati sono coloro che adoperano la mente, avendo alienato all'industria il proprio corpo, la capacità cioè di percepire in senso fisico la realtà materiale che li circonda. Privi di ogni spontaneità, essi sono diventati cervello puro, destinati a servire la fabbrica mediante il ripetersi di una serie di programmati *gesti* intellettuali. Non si tratta più di un esplicito antagonismo tra padrone e dipendenti, anche se sussiste sempre la tensione, caratteristica della visione marxista, tra due gruppi visti ancora nella loro fondamentale opposizione. L'organizzazione industriale ha qui preso il posto del padrone capitalista, mentre i dipendenti rimangono essenzialmente vittime di un'entità, sebbene pur sempre sopraffattoria, non più prontamente individuabile né in una precisa figura umana, né in un determinato gruppo. Perché dai dipendenti si ottenga il maggior rendimento possibile, occorre eliminare in essi tutte quelle qualità che, indispensabili in un contesto socio-umano normale, sono ritenute inutili, quando non addirittura pericolose, rispetto alla loro precipua *funzione* nell'ambito industriale. Le varie mutilazioni contrassegnanti le diverse categorie di impiegati, pertanto, illustrano le differenti repressioni cui gli uomini, per stabilire la loro idoneità al clima industriale, sono soggetti a subire. Circoscritta in *A proposito di una macchina* alla rapida allusione che abbiamo rilevato, ne *Il Padrone* di Goffredo Parise, che sarà esaminato più avanti, un tale stato di

---

[15] Giovanni Pirelli, *A proposito di una macchina*, Einaudi, Torino 1965, p. 41.

cose conosce le sue conseguenze più estreme ed allucinanti.

Particolarmente illustrativo della condizione alienata dell'uomo moderno, nelle parole di un critico Luciano Bianciardi "ci offre un efficace ritratto di vita aziendale rappresentata e studiata in rapporto con la vita della città che [egli] descrive ponendo sempre in luce quella pianificazione dell'individuo che è il suo incubo, il segno del ritmo ossessivo che domina la nostra esistenza."[16] Bianciardi rappresenta il mondo del giornalismo e dell'editoria, e per quanto non tratti in modo diretto dell'ambiente industriale, nondimeno la sua scrittura vuol denunciare le angosce che affliggono l'uomo in generale, e in particolare il provinciale inurbatosi: costretti ambedue ad integrarsi entro gli schemi etico-commerciali del neocapitalismo odierno.

2. Luciano Bianciardi, *L'integrazione*: l'industria culturale e l'intellettuale; *La vita agra*: l'individuo tra anarchia e nevrosi

Ne *L'integrazione*, scritto nel 1960 e chiaramente autobiografico, il protagonista, Luciano Bianchi, ha vari lavori presso aziende editoriali, i quali, rivelandosi di volta in volta più proficui, gli consentono di impostare la sua vita in termini solidamente borghesi. Suo fratello Marcello, invece, nonostante possieda un indubbio talento letterario, rimane una sorta di *bohème* della penna; lavorando irregolarmente, non di rado cercando ispirazione nell'alcool, egli è totalmente refrattario a lasciarsi assorbire — ed è il senso del titolo — da qualsiasi forma di società organizzata.[17] Tuttavia, anche se Marcello non si piega al sistema, come invece fa Luciano, nemmeno lui è pienamente libero: per esigenze materiali è egualmente costretto a 'produrre' secondo dettano le varie case editrici di cui è alle dipendenze. Paradossalmente, nel suo clima di apparente libertà, Marcello è forse meno libero del fratello — il quale accetta di fare una vita più ordinata — dal momento che è commissionato a scrivere cose che poi

> vengono pubblicate con firme americane, Ed Dmytrik, oppure Al Hollister, ma sono di Marcello. Il direttore gli raccomanda uno stile che paia tradotto dall' americano e lui, non so proprio come, ci riesce: dà al periodo il giro aspro e tormentato di una traduzione, e nella frase senti odore di whisky e chewing-gum.[18]

Duplice è la sua deformazione letteraria; non solo egli tradisce se stesso adoperando uno stile non suo, ma deve inoltre conferire a questo pseudo-stile un sapore di traduzione.

---

[16] G. Mariani, *La giovane narrativa italiana tra documento e poesia*, op. cit., p. 130.
[17] Cfr. la recensione dedicata da R. Luperini a *La Vita Agra* di L. Bianciardi, ne "Il Contemporaneo", 56-7, gennaio-febbraio, 1963, p. 161.
[18] Luciano Bianciardi, *L'integrazione*, Bompiani, Milano 1960, p. 122.

Ai continui inviti del fratello che lo vorrebbe vedere "specializzato", istradato in una carriera sicura, egli può sì rispondere che "pagnotta per pagnotta, è meglio così, e che lui il tram per andare al lavoro sotto padrone non lo vuol prendere più",[19] ma anch'egli deve pagare la sua cosiddetta libertà a caro prezzo, prostituendo cioè la propria personalità artistica. Sebbene la funzione di Marcello, nell'economia del romanzo, sia di sottolineatura dell'imborghesimento del fratello, tra i due non c'è dubbio che ad essere maggiormente alienato è proprio lui. A ragione, perciò, il Luperini osserva a proposito de *L'integrazione* che "a guardar bene il personaggio centrale del racconto è un altro, è Marcello, che ha in sé quella carica d'opposizione un po' anarcoide del protagonista de *La vita agra*".[20] Non pochi, infatti, sono i punti di contatto tra questi due romanzi: Marisa, moglie del protagonista de *L'integrazione*, ed esemplificazione della più normale borghesia, diventa Mara ne *La vita agra*; Anna, amante di Luciano Bianchi nel primo romanzo, ricompare, senza mutare nemmeno nome, nel secondo; e Marcello, sebbene con qualche concessione al sistema, diventa il protagonista de *La vita agra*. Mentre, però, se ne *L'integrazione*, conforme alla semantica del titolo, il protagonista ripudia Anna, simbolo della vita intesa come ideale godimento continuo, per sposare Marisa, la *mediocritas* borghese in persona, ne *La vita agra*, invece, egli vive lontano per necessità di lavoro dalla moglie (Mara-Marisa), e convive con l'amante in un clima di totale investimento libidico.

Ne *L'integrazione* tutto cospira contro il mantenimento di un tipo di vita antiborghese; e l'autore, per rendere maggiormente visibile il senso di soffocamento che, prodotto dall'inarrestabile moto del progresso tecnico-edilizio, si addensa sull'individuo, ricorre al ben noto contrasto tra città e campagna. Il romanzo si apre, infatti, con una descrizione della vita in una cittadina di provincia, dove il protagonista ha trascorso la sua gioventù, delle sue scorribande da ragazzo, e delle sue passeggiate da adolescente verso le regioni periferiche del piccolo centro. Vi si nota un progressivo venir meno delle vie e dei luoghi che prima offrivano l'agio di rimanere a contatto con la natura, di trovare un po' di pace e tranquillità. Man mano che le costruzioni e le strade aumentano, sempre meno spazio tocca a quanti sono desiderosi di passeggiare industurbati dai rumori del centro, finché ai pedoni non rimangono che delle esigue strisce su cui portarsi da un posto all'altro:

> Ci sorprese anzitutto la scarsa parte che di ogni strada tocca a noi pedoni. La fetta maggiore, quella liscia, scura, unta di nafta, di catrame, di gomma, spettava alle macchine, grossi oggetti di ferro lucido e vetro, avventati a

[19] Ivi, p. 123.
[20] Cfr. la già citata recensione del Luperini, p. 160.

corsa eguale, sempre lo stesso distacco fra l'una e l'altra . . . In ogni caso il margine di noi pedoni restava sempre lo stesso, minimo. Anzi, si riduceva giorno per giorno, man mano che progredivano i lavori in corso.[21]

La situazione qui descrittaci dal Bianciardi non è certo nuova; echi del doloroso contrasto tra espansionismo urbanistico da una parte e conservatorismo di stampo romantico-misoneista dall'altra si colgono lungo tutto il profilo cronologico dall'avvento dell'èra borghese in poi, e di cui i versi baudelairiani ("le vieux Paris n'est plus — la forme d'une ville / Change plus vite, hélas! que le coeur d'un mortel") ci offrono una delle testimonianze più eloquenti.[22] Quello però che è nuovo nell'avversione bianciardiana all'avanzante urbanesimo (o se non proprio nuovo, è reso con tanta sofferta lucidità da riproporcelo in termini assai allarmanti) è lo spietato accostamento — che particolarmente ne *La vita agra* l'autore esamina nelle sue espressioni più paradossalmente brutali — tra urbanesimo edilizio e quello che si potrebbe definire urbanesimo legale. La alleanza di questi due urbanesimi va a danno di tutti, ma in particolare del cittadino medio che Bianciardi cifra icasticamente nella figura del pedone. Due, pertanto, sarebbero i massimi pericoli quotidianamente paventati dall'individuo moderno: o di essere travolto da una macchina, oppure (ed è forse peggio) di vedersi travolta la propria esistenza per una firma incautamente apposta su un contratto, in apparenza così innocuo, subdolamente sollecitatagli dal rappresentante di una qualche ditta commerciale. Inerme contro le minacce che incombono ovunque, l'individuo-pedone conduce avanti la proprio precaria esistenza all'insegna del terrore, e con uno stato d'animo analogo a chi, di notte, si trovi a dover attraversare un campo minato. Come sempre, anche qui la *vis* polemica del Bianciardi si veicola nella formula che gli è maggiormente congeniale; quella cioè della satira iperbolica:

> Conviene traversare sulle strisce, ma tenendoti al margine più vicino alla parte da dove arriva il traffico, così sei un poco più sicuro di cadere nel passagio, e i danni te li pagano, . . . [23]

Dove la vera funzionalità pratica di tale sistema, dal narratore escogitato per far fronte più alle conseguenze legali che fisiche di un investimento automibilistico, è ironicamente molto più reale di quanto a prima vista non sembrerebbe trasparire dal piglio semiserio di cui la descrizione su

---

[21] L. Bianciardi, *L'integrazione*, op. cit., p. 17. Sugli effetti dell'edilizia sulla vita di provincia, cfr. la cit. recensione del Luperini, pp. 160 ss.
[22] Charles Baudelaire, *Les Fleurs du mal*, Tableaux Parisiens, XCIX, Le Cygne, Louis Conard, Libraire-Éditeur, Paris 1930, p. 150.
[23] L. Bianciardi, *La Vita Agra*, Rizzoli, Milano 1962, pp. 184-185.

riferita è percorsa. Ambientati negli anni in cui il miracolo economico italiano aveva raggiunto le sue punte più alte, *L'integrazione* e *La vita agra* sono il ritratto disperato di un uomo (e s'è visto come trattasi sempre della stessa persona) che per salvarsi in mezzo alla generale e spietata falcidia d'ogni valore umano, finisce per isolarsi sempre più facendo del proprio appartamento una sorta di ultimo bastione contro le aggressioni che le infinite branche dell'*establishment* commerciale, appoggiate per di più dalle leggi, vi compiono quasi con quotidiana regolarità. Precipua, anzi, tra le varie dissacrazioni dei miti, o dei valori, di una tradizione umanistica ad opera del commercialismo odierno, denunciate dalla pagina bianciardiana con particolare accoramento, è proprio la violazione dell'intimità domestica da parte di quelli che sono le propaggini più spinte del tentacolarismo neocapitalistico: i rappresentanti aziendali. Questi, come l'autore li satireggia nel nono capitolo de *La vita agra*, incapaci di attendere che il cliente venga da loro ed esprima liberamente il suo desiderio di acquistare una determinata cosa, oppure di volersi avvalere di un determinato servizio, irriguardosi al massimo gli danno una caccia che non conosce quartiere, scovandolo appunto nell'intimità (che ovviamente intimità non lo è più) della propria casa.

Denominatore comune e ad un tempo anello di congiunzione tra *L'integrazione* e *La vita agra* è il tentativo di fare dell'amore un *modus vivendi*, un qualcosa di valido e d'assoluto da opporre al capillare sgretolamento di ogni genuino rapporto umano. Il concetto si specifica in una sorta di tensione dialettica tra l'amore come simbolo e l'amore come passione totale: dialettica che nel secondo romanzo si risolve con il prevalere — ancorché in una prospettiva affatto disperata e distorcente — del secondo tipo d'amore sul primo. Per questo, in nessun'opera come ne *La vita agra* è dato cogliere così chiaramente la dimensione antisociale dell'amore; attività che il protagonista-narratore persegue come cosa fine a se stessa. Di qui anche le semiserie premesse teorico-tecniche enunciate dall'autore a convalida dell'opportunità del suo programma erotico, ideato allo scopo di ridefinire la natura del sesso, nonché di ricondurlo alla purezza di un vagheggiato ma non meglio definito ideale *prius* storico-culturale, svincolandolo una volta per sempre dalle finalità pragmatico-utilitaristiche cui chiesa e società da tempo lo avrebbero subordinato. L'amore, secondo tale nuova concezione, inteso come puro impeto naturale e desiderio continuo, stato di intensa e perpetua fruizione, viene contrapposto dal Bianciardi — idealmente e polemicamente — a quello che l'amore è diventato soprattutto con l'incalzare dell'etica borghese, la quale, asservendo il fenomeno erotico ai fini del commercialismo e del consumismo, lo avrebbe disancorato dall'ambito delle attività private per farlo rientrare in quello della strumentalità; per usare il termine dell'autore, l'amore viene ridotto a "simbolo":

> La riduzione di fine a mezzo, qui e altrove, aliena, integra, disintegra, spersonalizza e automizza, e così viene fuori l'uomo-massa e la prostituta moderna . . . Ma per intanto il coito si è ridotto, per la stragrande maggioranza degli utenti, a pura rappresentazione mimica, a ripetizione pedissequa e meccanica di posture, gesti, atti, trabalzamenti, in vista dell'evacuazione seminale, unico fine ormai riconoscibile e legalmente esigibile. Il resto non conta, il resto è puro simbolo che serve a spingerti all'attivismo vacuo. Questo vuole la classe dirigente, questo vogliono sindaco, vescovo e padrone, questurino, sociologo e onorevole, vogliono non già una vita sessuale vissuta, ma il continuo simbolo sessuale che induca a muoversi all'infinito . . . Da tutto questo, mi pare, viene fuori la noia, l'incapacità, come dicono, di possedere gli oggetti, di entrare in rapporto con i bicchieri, i tram e le donne. Ma io so che la noia finirebbe nell'attimo in cui si ristabilisse la natura veridica del coito. Lo so, finirebbe anche la civiltà moderna, perché il coito veridico non è spinta ad alcunché, si esaurisce in se medesimo e, in ipotesi estrema, esaurisce chi lo compie . . . cesserebbe ogni incentivo alla produzione dei beni di consumo, essendo dono gratuito di natura l'unico bene riconosciuto e durevole; cesserebbe anche l'insorgere dei bisogni artificiali, nessuno vorrebbe più comprarsi l'auto, la pelliccia, le sigarette, i libri, i liquori, le droghe, e nemmeno giocare a biliardo, vedere la partita di calcio, discutere sul Gattopardo . . .[24]

Indipendentemente dagli istrionismi tanto di contenuto quanto espressivi cui l'autore ama attardarsi, è evidente come l'amore, proprio in virtù del carattere precipuamente privato dell'attività erotica, abbia presto lasciato intuire la sua dimensione consolatrice in mezzo al dilagante inaridirsi dei sentimenti ad opera del modernismo tecnologico. Purtroppo, non solo in questo senso l'amore ha palesato risvolti pratici; infatti, se dalla fine del secondo conflitto in qua si è assistito a un progressivo liberalizzarsi del fenomeno sessuale, ciò è avvenuto non già perché vi sia stato un radicale mutamento degli schemi morali, sì perché il sesso si è rivelato altrettanto ricco di spunti lucrativi, come attesta fin troppo ampiamente l'odierna reclamistica commerciale. Se l'etica puritana, con i suoi tabù, può dirsi aver represso l'impulso sessuale, l'etica produttivistica contemporanea (che con quella puritana ha infiniti gradi di parentela), con le sue abili strumentalizzazioni pubblicitarie del sesso, può dirsi d'averlo diseroticizzato proprio nello stesso tempo che pretenderebbe favorirlo. Vale per il sesso, come per tutte le cose a questo mondo, il principio fisico secondo cui ciò che si guadagna in estensione si perde in intensità. Delusi,

---

[24] Ivi, pp. 71-73.

perciò, dai nostri rapporti con una donna (o con un'automobile che è, data l'etica oggi imperante, qualitativamente comparabile), con la quale non si è riusciti ad inverare le inebrianti esaltazioni dei sensi che sembrava prometterci il flessuoso corpo che ci sorrideva da un qualche cartellone pubblicitario, ne cerchiamo la compagnia di un'altra, illudendoci che forse era sbagliato il prodotto commerciale suggeritoci dalla diva; che forse è un altro dopobarba che ci vuole, oppure un'altra marca di camicia, per assicurararci una volta per sempre il tanto ambito successo. Conforme al progressivo spolarizzarsi dall'ambito di una produzione qualitativa ad una quantitativa, affidiamo a considerazioni numeriche la nostra incessante ricerca della felicità; invece di approfondire al massimo un singolo fenomeno, una singola esperienza, un unico rapporto, si è soliti accontentarci, o meglio illuderci di essere contenti, dei facili e superficiali contatti che riusciamo ad avere con il prossimo, credendo d'aver colto nell'intimo il vero significato di una tale relazione solo perché siamo consapevoli di aver fatto puntuale ossequio a tutti i gesti richiesti agli effetti di una protocollare convenevolezza. L'uomo moderno come la lupa dantesca che "dopo il pasto ha più fame che pria", trascorre la propria esistenza in uno stato di perpetua insoddisfazione che gli deriva dall'incapacità di stabilire un rapporto intenso, circolare e pienamente soddisfacente con un unico elemento (sia persona che oggetto) della realtà che ci circonda. Così efficace, infatti, è stato questo lento ma capillare processo di condizionamento, operato — anche se in parte inconsciamente — dalle varie branche del settore industriale e commerciale, che si è verificato il progressivo passaggio dell'uomo dall'ambito dell'azione a quello dell'inazione; da attore l'uomo moderno è diventato spettatore. Se non proprio architettata con chiara coscienza di causa ed effetto, tale evoluzione, o meglio involuzione, è stata lungamente assecondata, e perciò favorita, dai mezzi di comunicazione attualmente più diffusi: nella fattispecie, cinema, editoria e televisione. Assistendo, in qualità di spettatori, ai magnifici panorami, sia geografici che umani, che i suddetti media ci profferiscono di continuo, non ci accorgiamo di assecondare un gioco le cui conseguenze sono una totale atrofia fisico-spirituale.

Poiché tra tutte le attività quella sessuale rimane sempre la più piacevole e perciò la più intensamente e costantemente perseguita — sebbene, per le ragioni sopra lumeggiate, la meno realizzabile sul piano di una coscientemente concreta esperienza umano-personale — penseranno cinema e rotocalchi a colmare anche quest'altra lacuna. Grazie al fluido susseguirsi di pruriginose immagini, sia fotografiche che cinematografiche, l'esperienza sessuale ci viene saporitamente mediata in tutte le sue infinite sfumature, bellamente ed energicamente vissuta in una dimensione più grande di quella reale e pertanto più seducente. Complice la pseudo-intima oscurità di un cinema, e trascinati dal morbido fascino delle immagini che vediamo avvicendarsi sullo schermo, ci lasciamo sedurre dalle blandizie di una tale esperienza *vicaria*, in virtù della quale soddisfacciamo (in modo imperfetto s'intende) la nostra mai in realtà estinguibile sete di un sentimento più profondo e concreto, allo stesso tempo che — anche se solo per pochi fuggevoli istanti — ci è consentito deporre quel terribile fardello che è la nostra propria solitudine. Almeno Francesca poteva dire "Galeotto fu il libro e chi lo scrisse"; all'uomo moderno, reso inabile all'azione, non resta che la mala coscienza di sapersi corresponsabile della propria passività.

Bianciardi, del resto, sa benissimo che voler fare dell'amore un *modus vivendi* è assurdo, proprio nella misura in cui la circolarità dell'attività sessuale, facendosi *unità*, si rivela ovviamente preclusiva di ogni altro e più fattivo rapporto socio-umano. Dietro la lepidezza epidermica della pagina bianciardiana, perciò, spingono un senso d'indicibile desolazione a sentirsi perduti, schiacciati senza rimedio entro le spire di un incoercibile destino, e la consapevolezza che ogni nostro gesto di ribellione nasce già segnato dalla sconfitta. Risposta unica a un siffatto ordine di cose (nonché la più diffusa come attesta l'estesissimo uso della droga nella società contemporanea) è la narcotizzazione; la nota creazione di paradisi artificiali:

> . . . dico ad Anna che forse sarebbe il caso di smettere [di leggere], che lei venisse nel mio letto per farci all'amore. Sì lo so, lo so, che certe sere lei non se la sentirebbe, ma per me ormai quella cosa è indispensabile come il pino, il faggio, la codeina e il bicchierino.[25]

Visto in questa luce, è facile capire la vera funzione che l'amore-passione assoluta riveste per il protagonista; è come la "codeina" del cui effetto calmante egli ha quotidianamente bisogno. In quanto oppio, di cui si serve per crearsi una super- (e quindi una pseudo-) realtà dove ripararsi dalle avversità della vita, il sesso, anche per il protagonista che ne aveva deprecato la strumentalizzazione in chiave commercialistica, finisce per diventare più un mezzo d'evasione che una finalità in se stesso.

L'amore, inteso soprattutto come sperimentazione — ora più ora meno suffragata da convincimenti etico-ideologici — di rapporti erotico-sentimentali inediti oppure insoliti, volti a farci evadere da una realtà sopraffattoria, è un tema che conosce infinite sfumature nella narrativa contemporanea. L'insistenza sul sesso, sempre naturalmente che non si tratti di un calcolato ed interessato ossequio ai gusti plateali di un certo

---

[25] Ivi, p. 220.

pubblico, denuncia un bisogno umano, ad un tempo più diffuso e sotto molti profili più genuino, di poter ristabilire, mediante il recupero in chiave naturalistica del sentimento, quel necessario equilibrio psicofisiologico che i tempi moderni avrebbero così insidiosamente spezzato. Oltre a *Tre Operai* di Carlo Bernari e ad *Una nuvola d'ira* di Giovanni Arpino, nei quali s'è visto come l'egoismo colori di sè, al di là delle speciose giustificazioni pseudo-perfezionistiche dei personaggi, le loro azioni, la pretesa di voler intendere il rapporto amoroso in termini nuovi, personalissimi, costituisce la premessa comune, oltreché de *la vita agra* del Bianciardi, anche di romanzi come *L'amore mio italiano* di Giancarlo Buzzi, e *Il Congresso* di Libero Bigiaretti.

Altro elemento che accomuna i personaggi dei suddetti romanzi è il loro atteggiamento d'ambiguità misto a una certa malafede che essi assumono nei confronti dell'amore; atteggiamento che vuole leggersi come segno dell'impaccio più caratteristico dell'uomo moderno, tirato com'è ora dal desiderio di depurare il rapporto uomo-donna dalle infinite incrostazioni depositatevi sia da un malsano ed innaturale cristianesimo che da un'applicazione antiumanistica delle premesse neocapitaliste, ed ora dalla coscienza di agire anch'egli in maniera subdola, e d'essere perciò, anche se in parte minima, reo di una strumentalizzazione etico-ideologica volta al raggiungimento di una situazione di vantaggio personale. Proprio questo dilemma morale e psicologico sta alla base del tanto discusso *senso della colpa*, l'unico retaggio spirituale che ci derivi da una tradizione storico-religiosa nella quale l'arte del compromesso tra moralità e pragmaticità ha avuto modo di raffinarsi sempre più. E poiché nell'ambito delle attuazioni quotidiane virtù e vizio si sono sempre fusi nel crogiolo dell'utilità privata, non approfittare di una determinata situazione significa beneficiarne solo in maniera molto imperfetta. Di qui traggono origine quella perpetua insoddisfazione tipica dell'uomo contemporaneo, e, suo logico corollario, quel pizzico di malafede con cui si è soliti condire i nostri rapporti col prossimo. Convinti di tutto questo, ma non ancora pronti ad abbandonare la partita, si cerca di sopperire a quel senso di vuoto e di *sconclusionato* che ci opprime, con lo sperimentare, spesso dietro giustificazione in chiave pseudomoralistica, rapporti nuovi e di nostra fattura. A spingere maggiormente in questa direzione, sono il tedio, frutto precipuo di una società dove tutto è predisposto e nella quale sono venute a mancare quelle motivazioni fondamentali che costituivano le molle sempre tese all'azione dei nostri avi, nonché il conseguente bisogno di uscire dal proprio solco esistenziale, ridefinendo la nostra vita in termini di una sensibilità, oppure di una ideologia, atte a distinguerci in mezzo al circostante conformismo.

3. Giancarlo Buzzi, *L'amore mio italiano*: tragedia dell'intragicità

Di tutto questo è questione ne *L'amore mio italiano* di Giancarlo Buzzi, romanzo che focalizza sul diluirsi dei rapporti umani, ed in particolare di quello erotico-sentimentale, in seguito alla ben nota opera di pianificazione attuata dalle cosiddette *élites* del potere. Fra gli effetti di un tale processo, tanto in senso positivo quanto negativo, particolarmente significativa è stata la progressiva rimozione delle tradizionali difficoltà, dei fondamentali ostacoli storico-esistenziali, che per gli uomini appartenenti alle generazioni precedenti l'età del *benessere* erano ordalia e cimento continui. Benigna seppure incoercibile, l'organizzazione industriale nella quale si muove Paolo, protagonista del romanzo buzziano, e dalla quale vorrebbe evadere modificando ed allargando, in maniera nuova, il tenore e la sfera dei suoi affetti, regola e controlla in senso assoluto ogni aspetto della vita dei suoi dipendenti: "Anche dei nostri svaghi, dei nostri divertimenti, si doveva occupare la fabbrica. Dovevamo essere orgogliosi di farne parte. Non noi dominavamo la fabbrica, essa ci dominava." Da un tale clima di coatta perfezione, in cui tutte le tradizionali spinte all'attivismo sono ormai venute meno, ai dipendenti deriva un senso d'impotenza di fronte all'industria nonché di inadempienza totale nei riguardi della vita stessa. Comprensibilmente, in un siffatto terreno etico-economico non tardano ad allignare i germi della ribellione, ancorché trattisi di una rivolta velleitaria e come tale destinata ad esaurirsi più sul piano delle idee che non su quello della concretezza:

> Mentre risolveva cento dei nostri bisogni, non si avvedeva però che il centunesimo rischiava di esplodere con maggior violenza e di farci soffrire più degli altri messi insieme. La fabbrica intendeva risolvere la nostra vita e costringeva alcuni di noi a detestare la sua efficienza. Un mondo fuori diverso dalla fabbrica, ecco la nostra profonda aspirazione: un mondo nostro, in cui dimenticare la fabbrica e da cui poterla guardare come si guarda una nuvola o una montagna: una nuvola che può scomparire soffiata via dal vento e una montagna che il terremoto può distruggere.[26]

Di tutto questa fabbrica, specie di *eden* dell'industria, ha tenuto conto; tutti i bisogni umani essa ha cercato di prevedere e soddisfare; tutti, tranne quello che forse ha le radici più profonde nella natura umana, e che di per sé costituisce ad un tempo quella contraddittorietà che è tipica solo dell'uomo: quel continuo contrasto, cioè, tra le voci della ragione che aspira alla perfezione (stabilità), e quelle dell'animo irrazionale che, intuendo che perfezione equivale a immobilità, ne inorridisce. Nell'ambiente descritto dal Buzzi, dove appunto tutto segue un ritmo

---

[26] Giancarlo Buzzi, *L'amore mio italiano*, Mondadori, Milano 1963, p. 139.

prestabilito, le cui cadenze non cambiano mai, dove tutto procede in maniera precisa lineare perfetta, l'uomo, pur di sentirsi parte di tale mondo ma anche indipendente da esso, pur di avvertire cioè quel necessario distacco tra sé e la realtà esteriore che solo consente di precisare i contorni della propria dimensione umana, comincia a sovvertire l'ordine attuale — frutto ormai indesiderato di chi ci ha preceduto — e quindi a bramare l'imperfetto, il corruttibile, l'inefficiente, l'abnorme.

Il protagonista de *L'amore mio italiano* tenta di deviare dai sentieri sanciti dall'etica ufficiale della sua società, si è detto, mediante l'estensione dei suoi affetti. Sua moglie, donna buona e comprensiva, sopporta che egli condivida il suo amore con un'altra donna, Daniela, la quale, da amante, diventa praticamente un'altra moglie. La novità della cosa consisterebbe nell'uguale intensità sentimentale con cui Paolo si dedica alle due donne, sebbene siano diversi il modo e l'impeto con cui egli le amerebbe. A sconcertare maggiormente i suoi colleghi ed amici non è certo il fatto di avere un'amante, bensì quello di volerne fare una seconda moglie, di agire senza ipocrisia. Più che disposti ad accettare la normale situazione di 'marito più moglie più amante', essi sentono come rivoluzionaria e perciò pericolosa quella di 'marito con due mogli'. Per sventare la minaccia implicita nella bizzarra e *malsana* relazione del collega iconoclasta, un certo Andrea, amico di Paolo nonché amante anch'egli di Daniela, finisce per allontanare quest'ultima, trasferendola in un altro distaccamento della stessa azienda.

In maniera assai analoga al protagonista de *La vita agra*, la relazione amorosa che Paolo intreccia con Daniela vuol essere un tentativo

> di infrangere quello che andava diventando un simbolo, una formula magica che riassumeva — quasi non più percettibili, sempre comunque camuffate come in ogni formula magica che si rispetti, e sovente con l'ipocrisia per cui le nostre donne si rimproveravano d'essere tediose — un coacervo di intenzioni e di cupidigie. Il tentativo di scomporre la formula magica per riportare il fraseggiare al significato originario.[27]

Differiscono però da *la vita agra* l'atteggiamento del protagonista de *L'amore mio italiano*, vago ed incerto nelle sue espressioni e desideri — e come tale particolarmente emblematico di quell'impaccio socio-etico cui si è accennato —, nonché la maggior parte che nel romanzo buzziano occupa l'interazione dialettica fra i sessi. Nell'opera del Bianciardi, si ricorderà, la donna non ha nessun vero rilievo autonomo, l'unica sua funzione essendo di fare da sfondo alla personalità e alle turbe del maschio. È, infatti, grazie alle reprensioni che Daniela muove al pro-

[27] Ivi, p. 147.

tagonista che il lettore è in grado di meglio valutare le ragioni che spingono Paolo a desiderare l'amore dell'amante; desiderio che spesso è tutt'uno con quello di uno stato di cose ambiguo, dai contorni volutamente non chiari, attraverso cui uscire, per così dire, dall'eccessiva chiarezza (che diventa opacità) della vita coniugale. Pensando alla moglie, il protagonista coglie il vero limite che per lui riveste lo stato matrimoniale:

> . . . Se capisse meglio di me la mia incapacità di vivere e di morire, la mia disperazione per il nostro non essere personaggi tragici. . . Non perché lei non mi fosse cara, ma perché Dina portava con sé un'immagine più netta. Dina e la sua attesa, in un mondo che pure mi attendeva.[28]

Limite, che è appunto quello della normalità, e che, in quanto tale, gli ricorda in maniera pungente l'uniforme piattezza della vita cui egli, come tutti gli uomini, appartiene, ma dalla quale cerca ogni via, compresa quella dell'autoinganno, pur d'uscirne.

Ne sia consapevole o meno, il comportamento di Paolo nei riguardi dell'amore è essenzialmente di natura *merceologica*. Egli pone l'amore sullo stesso piano degli oggetti, e per quanto tenti di giustificare il suo 'nuovo' concetto del fenomeno sentimentale in termini di una mentalità maggiormente aggiornata, nel suo intimo voler cambiar donne è sintomatico della sua fondamentale incapacità di approfondire un'unica relazione. Merito del Buzzi è di aver saputo cogliere quest'atteggiamento nella sua fase transizionale; nel momento cioè in cui esso ha ancora da compiere in pieno la sua evoluzione verso un'aperta e totale impostazione dell'amore in termini chiaramente commercialistici, e pertanto compenetrato delle premesse socio-economiche più singolarmente responsabili del forgiarsi del carattere e dei gusti dell'uomo contemporaneo. Ciò spiega il procedere ancora impacciato e malsicuro del protagonista, legato ancora — sebbene in senso puramente formalistico — agli imperativi e agli obblighi di un'etica tradizionale che, soppiantata che possa essere sul piano della prassi da valori più pragmatici e di maggiore profitto, non per questo può dirsi scomparsa del tutto. In quanto remora che lo imbriglia, impedendogli di librarsi affatto in quello ideale *empireo* dove piacere e dovere sono per sempre e finalmente disgiunti, essa continua ad informare — intralciandoli — ogni suo gesto, ogni sua espressione.

[28] Ivi, p. 152.

4. Libero Bigiaretti, *Il Congresso*: l'amore come merce e le ragioni di mercato

Altrettanto interessante, a questo riguardo, è il comportamento del protagonista de *Il Congresso* di Libero Bigiaretti, dove vediamo attuarsi — ancorché trattenuta a un livello puramente velleitario e perciò scarsamente suffragata da una più estesa accettazione del fenomeno — l'auspicata equiparazione tra due ambiti — sentimento e commercio — che finora una precettistica, seppure solo per imposto ossequio a una canonicità tradizionale, si è sforzato di tenere distinti. Il protagonista di questo libro del Bigiaretti sintetizza quel continuo tenersi in equilibrio tra la capacità di autoingannarsi circa la giustezza delle proprie aspirazioni e la sorda consapevolezza che tali aspirazioni non siano sorrette da più provate convinzioni. Esercizio che di necessità conduce a uno strano amoralismo, di cui il segno più caratteristico è la tendenza a vedere la realtà esteriore esclusivamente dall'angusta prospettiva del profitto personale. Non essendovi più norme al di sopra di quelle private che tengano, imperativo unico ed assoluto diventa quello di sfruttare, senza badare a come, ogni situazione in cui ci si trova. Infatti, fin dall'inizio del romanzo la parabola del politicismo del protagonista è già stata comodamente conclusa con il solito risultato: sfumati gli eroici furori della sua gioventù comunista (svoltasi, s'intende, all'insegna del più puro accademismo), egli si è lasciato integrare nel sistema, nel quale si è saputo procurare, senza peraltro essersi troppo scomodata la coscienza, una posizione vantaggiosa. Per questo non siamo inclini a credere, come vuole il Pullini, che la polemica che il personaggio sostiene nel corso di uno dei dibattiti del congresso, contro l'organizzazione industriale, possa dirsi costituire "il primo passo verso una nuova vita"; né che nel lasciarsi andare alle sue critiche anti-istituzionalistiche egli abbia "obbedito a un sottinteso desiderio di liberarsi di una professione non del tutto confacente e di affrontare una vita affettiva più piena, lontano dalla routine di una vecchia relazione e accanto ad una donna amata in piena libertà."[29] Piuttosto, a motivare questa sua alzata di cresta (che poi, come nota lo stesso Pullini, "il giorno dopo avrà occasione di ritrattare") è soprattutto il desiderio di farsi bello agli occhi della sua recente conquista, dando prova di audacia e d'individualismo. Prova, del resto, che egli sa benissimo di compiere in malafede dal momento che è sicuro d'essere perdonato una volta osservati i debiti atti di resipiscenza richiesti dai suoi superiori. Troppo frivolo ci appare il personaggio, e con troppa rapidità egli si

---

[29] Giorgio Pullini, *Volti e risvolti del romanzo italiano contemporaneo*, Mursia, Milano 1971, p. 145.

persuade dell'opportunità di applicare le 'ragioni di mercato' alla sfera delle relazioni umane — ed in particolare a quelle sentimentali — perché possiamo darne un'interpretazione così seria come fa sia il Pullini, sia anche il Barberi Squarotti, il quale ritiene che "il punto di vista del narratore non è quello di chi vede le cose e le giudica dal centro del fenomeno, ma dalla prospettiva ancora della vecchia meccanica tradizionale dei sentimenti, sottintendendo quasi una nostalgia dei modi della società del passato".[30] Riconosciamo che è senz'altro ambigua la posizione del Bigiaretti in questo romanzo, e che come tale può prestarsi a una interpretazione come quella del Barberi Squarotti; tuttavia, se è davvero polemico il Bigiaretti, bisognerà concludere che il mordente, indubbiamente implicito nell'argomento, è oltremodo attutito tanto dal fare così scopertamente calcolatore del personaggio principale quanto dalle resistenze — appunto di tipo tradizionale — che egli incontra nelle sue varie amanti. Volendo parlare di nostalgie, il fare del protagonista sembra adombrare piuttosto una nostalgia di un più spensierato costume erotico che, a dispetto dell'incalzare dell'utilitarismo e del presunto amoralismo commercialistici, deve ancora verificarsi, anziché dei "modi della società del passato". Di quest'ultima, poi, si può dire che egli non fa che continuare i tratti più meschini; rinnovandoli al contatto delle varie *ideologie* attraverso cui passa e che riesce sempre ad interpretare in termini del proprio tornaconto. Le note qualità che si è soliti ascrivere all'etica industriale-neocapitalista, — senso del transitorio, il consumismo come fine autonomo, concetto della calcolata deperibilità dei prodotti industriali, ecc. —, bene si attagliano ai tratti più veritieri del suo carattere: egoismo e superficialità. Quel senso del provvisorio che egli ama conferire a tutte le cose, altro non è che una comoda difesa, una sorta di dinamica del tutto personale, che egli oppone alla normale condizione di staticità presente in ogni società.

Tuttavia, entro questa prospettiva dove oggetti materiali e sentimenti umani vengono posti sullo stesso piano e visti secondo un'unica legge, è comprensibile come si possa tendere a ravvisare le cause di una siffatta equiparazione tanto nella estensione dei criteri di economia moderna a tutti i settori della società, quanto nella sua capillare penetrazione nei recessi più segreti del cuore umano. Non desta alcuna meraviglia, pertanto, che chi è abituato a cambiare macchina tutti gli anni, perché così condizionato da una precisa politica propagandistica, sia portato a trasferire le medesime ragioni di mercato anche alla sfera dei rapporti umani; né che il valore delle cose non venga più fatto risiedere nelle loro qualità intrinseche, ma solo in quello che esse hanno di nuovo. Tale, infatti, è il

---

[30] G. Barberi Squarotti, *La narrativa italiana del dopoguerra*, op. cit., p. 117.

tipo di mentalità che il protagonista de *Il Congresso* rivela e cerca di avvalorare nei suoi rapporti con le donne di cui s'innamora, per poi distaccarsene una volta avvenuto il possesso fisico, annoiato ed incapace di voler scoprire sentimenti ed emozioni di natura più profonda. Anna, una congressista che il protagonista conosce a Napoli e di cui si invaghisce, disturbata dal suo fare si ribella al tono di "avventura" che quasi istintivamente egli conferisce alla loro relazione: ". . . tu ti affanni a trovare per me delle distrazioni; come se io fossi venuta con te per avidità turistica, per avere un supplemento di vacanza . . ."[31] Nel suo intimo il nostro deve convenire; si riconosce incapace di un impegno sentimentale di lunga durata, nonché di poter stabilire un rapporto più completo, meno esclusivamente materialistico, con una donna. Infatti, ascoltando il rimprovero della compagna, non può fare a meno di condividerne il giudizio ristrettivo, ancorché solo *in pectore*:

> Anche in quel momento, mentre smentivo le sue sconsolate previsioni, dovevo fare come uno sforzo di memoria per rammentarmi come ci eravamo amati la notte scorsa; non ne ricavavo nessuna dolcezza, bensì l'esatto e crudo ricordo del nostro comportamento sessuale.[32]

E come spesso accade che la migliore difesa è l'offesa, invece di confessarsi reo delle accuse, egli finisce per rinfacciare ad Anna lo stesso *difetto* che caratterizzerebbe un'altra sua amante, anche essa pronta a voler togliere al loro rapporto quel che di provvisorio era in esso:

> Anna era una donna perpetuamente diffidente e un po' querula, era insomma, detto più volgarmente, una creatura lagnosa. Apparteneva dunque al tipo di Olga. Se volevo classificarla, la casella era la medesima. Mi rammentai che all'inizio della nostra relazione Olga sciupava un po' la riuscita dei nostri convegni con la richiesta di una garanzia di durata. Molte donne non sanno chiedere altro, si tratti di una stoffa, di un oggetto, come di un uomo: la durata. Ignorano che questo concetto è stato superato da una nuova economia di mercato, che vale anche per le relazioni umane.[33]

Il senso della durata, aspetto fondamentale dell'istinto di conservazione e di sicurezza insito nell'indole femminile, viene qui freddamente catalogato e fatto risalire a un primo momento dello sviluppo dell'economia di mercato. Il protagonista si rammarica che la mentalità del rapido consumo dei prodotti industriali non si sia ancora estesa a comprendere, modificandolo, il rapporto fra uomo e donna; rapporto che idealmente dovrebbe adeguarsi a questo nuovo clima socio-

---

[31] Libero Bigiaretti, *Il Congresso*, Bompiani, Milano 1963, p. 125.
[32] Ivi, p. 126.
[33] Ivi, pp. 126-127.

industriale, in cui il valore degli oggetti va colto ed esaurito in un brevissimo spazio di tempo; l'unico fascino delle cose, donde il loro potere d'attrazione, consistendo ormai unicamente nella loro qualità di oggetti ancora imposseduti.

Sempre secondo il Barberi Squarotti il romanzo di Bigiaretti rientrerebbe in quella "nuova narrativa critico-oggettiva delle strutture e dei modi della società neocapitalista: le grandi organizzazioni industriali, gli uffici di relazioni pubbliche, i congressi tecnici, con i motivi della conseguente distruzione progressiva dei tradizionali elementi di contatto umano, come il sentimento, o più semplicemente, il sesso, e la trasformazione in prodotti disincantati ed estranei della stessa produzione industriale di massa."[34] Giudizio questo, come l'altro riferito dello stesso critico, che per quanto possa sembrare giustificato dalla generale impostazione del romanzo, insieme alla presunta obbligatorietà di certe sue soluzioni tematiche, a nostro avviso non è circostanziato da un sufficiente campionario di riscontri testuali per potersi leggere come il vero messagio del libro. Sembra, anzi, che tale giudizio sia suggerito più da certo zelo interpretativo, secondo cui *Il Congresso* sarebbe un ennesimo esempio degli infiniti mali della civiltà industriale-neocapitalista, che non da una più attenta e spassionata valutazione di quanto ha luogo nel testo. Indipendentemente dai suoi possibili intenti polemici, il romanzo bigiarettiano sembra documentare come certi difetti, tipici di un certo gruppo socio-culturale, oppure etnico, *mutatis mutandis* possano continuare nel tempo, accordandosi alle varie innovazioni economiche ed ideologiche in cui di volta in volta si imbattono. Le amicizie femminili del protagonista, se vogliamo, testimoniano il permanere, all'interno di un clima socio-etico oltremodo liberalizzato e, per più versanti, antitradizionalista, di certi valori umani fondamentali, nonché delle voci più costanti del sentimento. Anna, nella misura in cui rappresenta il grado di massima indipendenza cui sia arrivata l'emancipazione della donna, denuncia, nella sua richiesta di un impegno affettivo più solido e duraturo, la fondamentale immutabilità di certe esigenze umano-affettive. Ricordiamo, inoltre, che il protagonista è solo, nell'economia del romanzo, a voler intendere l'amore in modo leggero, transitorio, merceologico. Osta, perciò, a una lettura del romanzo in chiave esclusivamente ideologica l'atteggiamento del protagonista stesso; per quanto spiegabile, almeno in parte, alla luce del preciso ambiente sociale economico etico in cui egli si muove — e che può certo aver influito sulla formazione del suo schema di valori — tale atteggiamento può altrettanto facilmente essere visto come residuo di

---

[34] G. Barberi Squarotti, op. cit., pp. 116-117.

un'educazione di tipo cattolico-borghese. In questo senso persuade molto di più un romanzo come *La busta arancione* di Mario Soldati (1965), senza altro meno ambizioso di quello del Bigiaretti, ma dove l'atteggiamento del protagonista, in più punti analogo a quello del personaggio principale de *Il Congresso*, ha chiaramente le sue radici più in una formazione etica cattolico-borghese che non in una presunta contaminazione tra valori commerciali ed usi erotici.

Per quanto diversissimi, e questo sotto più punti di vista, nondimeno i due filoni sopra allusi, — quello socio-economico e quello psico-etico —, se esaminati in rapporto ai loro precipui effetti di condizionamento sulla relazione fra i sessi, percorrono binari assai paralleli. Come è noto, la maniera in cui l'uomo, frutto di un'educazione appunto cattolico-borghese, imposta ed intende il rapporto amoroso difficilmente riesce a prescindere dall'interazione — che si può articolare sia sul piano della coscienza che su quello del subconscio — tra senso del peccato e desiderio del proibito. Esula dal nostro disegno una più ampia trattazione del fenomeno; ai nostri scopi bastando l'aver additato come spesso, volendo rinvenire la causa più vera di una nostra scelta, di un nostro atteggiamento, sia doveroso tener conto prima delle sue origini psico-culturali, e solo in un secondo tempo di quelle esperienze che ci possano essere toccate successivamente alla formazione del nostro più intimo sostrato etico-psicologico. Il difetto pertanto del libro del Bigiaretti consiste nella sua inconcludenza sul piano della testimonianza, tanto socio-politica quanto più semplicemente esistenziale. Inconcludenza che è dovuta sia alla mancanza, nell'economia del romanzo, di un vero elemento di contrasto che autorizzi a ravvisarvi una autentica dimensione polemica, sia all'atteggiamento del protagonista, che presenta, nello stesso tempo in cui vorrebbe riflettere un modernissimo modo di intendere la vita, troppi agganci con una precisa e prontamente individuabile tradizione.

5. Italo Calvino, *Una nuvola di smog*: l'inquinamento come nuova realtà ambientale

Accanto al tema più generale degli effetti socio-psicologici dell'inquinamento industriale, senso del transitorio e apoliticità si riscontrano anche ne *La nuvola di smog*, racconto di Italo Calvino (1958) che illumina alcune delle *paure* tipiche del provinciale che si è trasferito in un grande centro urbano, attratto, forse più che dalle spesso mendaci immagini di benessere e di carriera, dall'illusione di poter mutare, col luogo, la propria identità. Fascino precipuo della grande città è il senso d'anonimità che essa sembra poter garantire, e in grazia della quale l'uomo spera di realizzare il suo incessante desiderio di libertà e di indipendenza. La sera, il protagonista del romanzo, frequenta sempre la stessa trattoria, senza mai però partecipare alle conversazioni e discussioni degli altri avventori, come lui *abitués* di quel locale, né accordare confidenza alle cameriere che ormai conosce:

> . . . non dicevo mai niente tranne le ordinazioni, sempre uguali del resto, . . . e nemmeno chiamavo per nome le ragazze nonostante che i nomi li avessi imparati anch'io, ma preferivo dire sempre "Signorina" per non creare l'impressione d'una familiarità: in quel ristorante io mi ci trovavo per caso, ero un cliente occasionale, magari avrei continuato ad andarci tutti i giorni per chissà quanto tempo, ma volevo sentirmi uno di passaggio, che oggi è qua domani là, se no mi dava ai nervi . . . Evitavo di discorrere con gli altri clienti, e anche di salutare, perché le conoscenze, si sa, a cominciarle è niente ma poi si resta legati: uno dice "Cosa si fa stasera?" e così si finisce tutti insieme alla televisione, al cinema, e da quella sera si è presi in una compagnia di gente che non te ne importa nulla, e devi far sapere i fatti tuoi, ascoltare quelli degli altri.[35]

Tale *assenteismo* sociale è una sorta di corazza che egli indossa a difesa della propria personalità: difesa più caratteriologica che fisica; quasi a trattare con gli altri ci si prestasse in certa misura a una violentazione della nostra personalità. A questa difesa dell'*io*, bisogna aggiungere la paura di compromettersi. Permettere ad altri di venire a conoscenza di quanto portiamo gelosamente custodito nel nostro intimo significa collocarsi in una posizione di pericolosa dipendenza, dare ad estranei una potente arma che un giorno potrebbe essere adoperata a danno nostro. Per questo, allorché il personaggio viene invitato da un conoscente, di tendenze politiche sinistroidi e da poco licenziato per le sue idee, a portarsi in un settore industriale della città dove "in mattinata s'era svolta una difficile agitazione", egli non può che rispondere: "Eh! Proprio lì non posso farmi vedere, lei capisce il perché."

Più che un documento delle forme estreme dell'individualismo che sotto tale profilo diventa alienazione; *La nuvola di smog* è, si potrebbe dire, il caso clinico di una delle tante ossessioni di tipo psiconevrotico di cui l'urbanesimo industriale è in larga misura responsabile. Perseguitato da una bizzarra mania dell'igiene, ovunque giri lo sguardo il protagonista vede uno strato di polvere coprire gli oggetti, gli edifici, le persone. Di qui il bisogno di lavarsi sempre. Perfino un'attività in apparenza così facile, come leggere un libro, diventa un'esperienza traumatica:

> . . . i libri si sa quanta polvere assorbano: ne sceglievo uno allo scaffale, ma prima di aprirlo dovevo strofinarlo con un cencio tutt'intorno, sul taglio, e

---

[35] Italo Calvino, *Una nuvola di smog*, ne *I Racconti*, Einaudi, Torino 1960, pp. 541-542.

poi sbatterlo per bene: ne usciva un polverone. Allora mi rilavavo le mani e poi mi buttavo a leggere. Ma sfogliando il libro, è inutile, mi sentivo sui polpastrelli quel velo che diventava sempre più soffice e spesso mi guastava il piacere della lettura. M'alzavo, tornavo al lavabo, mi davo ancora una sciacquata alle mani, ma adesso mi sentivo impolverato anche sulla camicia, sui vestiti. Avrei voluto rimettermi a leggere ma ora avevo le mani pulite e mi dispiaceva sporcarmele di nuovo.[36]

L'ossessione del protagonista, lo smog che inquina l'aria, finisce però, come spesso accade in Calvino, con l'essere la dimensione della propria esistenza. La sua intima appartenenza a questo ambiente inquinato, infatti, è messa maggiormente in risalto dalle enormi differenze, di carattere e di ceto, che lo separano da Claudia, una sua ragazza 'occasionale'. Un giorno, mentre da un'altura vedono una nuvola di smog addensarsi sulla città, il protagonista ne partecipa la presenza alla sua compagna: "— Lo smog! — gridai a Claudia. — Vedi quella? È una nuvola di smog!" La ragazza, invece, indifferente all'entusiasmo che nel suo compagno suscita tale fenomeno chimico-atmosferico, con il suo sguardo mira al di sopra delle tribolazioni ed imperfezioni proprie degli uomini e del loro vivere quotidiano. Essa segue il volo degli uccelli che con le loro ali sorvolano la nuvola di smog, librandosi agili e leggeri in una sfera ancora incontaminata, ben diversa da quella cui si sente di appartenere il protagonista:

. . . e io restavo lì affacciato a guardare per la prima volta dal di fuori la nuvola che mi circondava ogni ora, la nuvola che abitavo e che m'abitava, e sapevo che di tutto il mondo variegato che m'era intorno solo quella m'importava.[37]

Anche quando Claudia entra nella camera del protagonista e si stende nuda sul suo letto, il contrasto è sempre tra la luce che essa emana e il grigio polveroso dell'ambiente stesso:

Io mi voltai subito al lavabo, prima d'aiutarla a togliersi il soprabito, perché m'ero sporcato al solito le mani. Lei no, girava con le mani svolanti come piume tra i mobili polverosi. La stanza fu presto invasa da quegli oggetti così estranei: il cappello con la veletta, le volpi, il vestito di velluto, la sottana d'organza, le scarpe di raso, le calze di seta; ogni cosa io cercavo di far entrare nell'armadio, nei cassetti perché a star lì mi pareva si dovesse ricoprire in poco tempo d'impronte fuligginose.
Ora Claudia era sdraiata con la sua bianca persona sul letto, quel letto che a batterlo avrebbe alzato una nuvola di polvere, e allungò una mano verso lo scaffale lì a fianco, prese un libro. — Attenta, è polveroso! — Ma lei l'aveva aperto, lo stava sfogliando, poi lo lasciava cadere. Io guardavo il suo seno

---

[36] Ivi, p. 528.
[37] Ivi, p. 547.

ancora giovinetto, i rosei culmini appuntiti, e mi prese lo struggimento che vi fosse calata della polvere dalle pagine del libro, e avanzai le mani a sfiorarli in un gesto che somigliava a una carezza ma era invece un voler togliere quel po' di polvere che mi pareva ci fosse caduta.

Invece la sua pelle era liscia, fresca, intatta; e io che vedevo nel cono di luce della lampada librarsi una pioggia di granelli minutissimi che lentamente si sarebbe depositata anche su Claudia, mi buttai sopra di lei in un abbraccio che era soprattutto un volerla coprire, proteggere, prendere su me tutta la polvere perché lei ne fosse salva."[38]

Un gesto naturale come l'amore si trasforma in un tentativo grottesco ed ossessionante di proteggere il corpo dell'amante che il protagonista vede minacciato dalla polvere. L'impeto che altrimenti dovrebbe caratterizzare il suo comportamento verso la ragazza è spezzato, reso innaturale dalla preoccupazione che il di lei corpo possa essere contaminato. Il suo affetto, — data la sua particolare congiuntura psicologica —, si traduce più volentieri in un atto di protezione e di igiene anziché in uno di possesso fisico. È un altro esempio, che il taglio della pagina calviniana rende ancora più esasperato, del potere denaturalizzante dell'urbanesimo industriale.

Agli effetti narrativi possiamo senz'altro dire che Claudia è un personaggio *irreale*; ed in quanto tale serve a sottolineare il mondo reale in cui si muove il protagonista. Che Claudia sia il simbolo di un'altra dimensione esistenziale, di un mondo meno vero, è il protagonista stesso a darcene la conferma, laddove, dovendo scrivere un articolo, ne fa involontariamente la critica: "E scrissi che sì, ancora c'era chi viveva fuori della nuvola di smog, e forse ci sarebbe sempre stato, chi poteva attraversare la nuvola e soffermarcisi proprio nel bel mezzo e uscirne, senza che il minimo soffio di fumo o granello di carbone toccasse la sua persona, turbasse il ritmo diverso, la sua bellezza d'altro mondo, ma quel che importava era tutto ciò che era dentro lo smog, non ciò che ne era fuori: solo immergendosi nel cuore della nuvola, respirando l'aria nebbiosa di queste mattine, si poteva toccare il fondo della verità e forse liberarsi."[39]

Più che l'espressione di una precisa polemica diretta contro gli istituti che sono all'origine della *nuvola di smog*, polemica che indubbiamente c'è in Calvino, lo scrittore vuole evidenziare il rapporto dialettico, di lotta continua che presiede al vivere di tutte le specie; compresa ed in particolare quella umana. L'èra industriale — sembra opportuno inferire da

---

[38] Ivi, p. 549. Il passo è particolarmente significativo. Esso mette in rilievo le proporzioni estreme dell'ossessione del protagonista di fronte al fenomeno della polvere. In secondo luogo dimostra quanto potere di *denaturalizzamento* possa esercitare un fenomeno prodotto dall'industria, ed infine sottolinea ancora meglio la incolmabile differenza tra i due amanti.
[39] Ivi, p. 550.

questo come da altri suoi racconti — se negativa in se stessa, non è necessariamente più negativa delle tante epoche che l'hanno preceduta, né di quelle che verranno dopo. Essa rappresenta solo un altro anello nella catena del naturale succedersi delle epoche storiche; ciascuna, a suo modo, irta di tribolazioni e di difficoltà per chi la vive. In quanto misurata fondamentalmente in termini di ripetute prove e tensioni, ogni esistenza individuale acquista il suo più pieno significato essenzialmente attraverso un rapporto militante e fattivo all'interno del proprio mondo.

Tra Claudia, la quale vive in una sfera che non ammette tangenza con questo mondo, e il protagonista che invece vi è totalmente immerso, sta un collega di quest'ultimo, Avandero, che incarna una delle forme più comuni che presso l'uomo moderno assume l'alienazione:

> Per Avandero, come per centinaia di migliaia d'altre persone che ci davano dentro tutta la settimana in grigie occupazioni pur di poter correre via alla domenica, la città era un mondo perso, una macina per produrre i mezzi d'uscirne quelle poche ore e poi tornarci. Avandero, passati i mesi dello sci, cominciava quelli delle gite campestri, della pesca alle trote, e poi del mare, e della montagna estiva, e della macchina fotografica.[40]

Questo paradossale desiderio da parte dell'uomo contemporaneo di lavorare in un posto solo per procurarsi il denaro per poterne evadere, denuncia, come il Tilgher seppe vedere già in un'epoca quando il fenomeno non era certo così diffuso come lo è oggi, l'incapacità di scoprire nel proprio lavoro un'intrinseca gioia, una totale soddisfazione.[41] Per sopperire, quindi, all'indicibile noia che pesa sull'uomo nelle ore di lavoro, non resta altra soluzione che allontanarsene il più possibile durante i giorni e periodi festivi. Così ossessionante diventa il bisogno di trascorrere le ore libere in luoghi fondamentalmente diversi da quello delle ore lavorative, che il personaggio finisce per vivere in uno stato di continua anticipazione; i giorni feriali diventando così occasione per progettare prossime gite, future evasioni:

> Il dottor Avandero che viveva i giorni della settimana preparando la gita domenicale, aveva preso verso il tempo una finta indifferenza che mi pareva del tutto ipocrita, servile.[42]

L'arco di tempo che egli è costretto a passare nella nuvola di smog può essere misurato dai successivi mezzi di trasporto che le sue sempre più redditizie condizioni d'impiego gli permettono di procurarsi: "La storia

---

[40] Ivi, p. 551.
[41] A. Tilgher, *Homo Faber*, op. cit., pp. 164-165. Per delle acute osservazioni sull'intimo rapporto, negli Stati Uniti, tra tempo libero e mobilità, cfr. Elizabeth Hoyt, *Consumption in Our Society*, McGraw-Hill Book Company, Inc., 1938, pp. 301-302.
[42] I. Calvino, *Una nuvola di smog*, cit., p. 564.

della sua vita . . . era la storia dei suoi mezzi di trasporto: prima una bici a motore, dopo un motoscooter, poi una moto, adesso la utilitaria, e gli anni a venire erano segnati dalle previsioni di automobili sempre più comode e veloci."[43] Con questi mezzi egli sarà capace di muoversi con sempre maggiore velocità, cercando in tale mobilità una difesa, una protezione, — come per il protagonista del racconto lo è l'acqua —, contro le particolari oppressioni che egli si scorge intorno. Sebbene in maniera diversa, automobile e acqua si equivalgono in quanto consentono ai due personaggi di porre un seppur pallido riparo alla contaminazione (sia fisica che psicologica) che incombe ovunque. Fra i due, tuttavia, vi è una differenza fondamentale: il protagonista, pur lottando contro il suo *nemico* (l'urbanesimo industriale), continua a vivere all'interno dei suoi confini geografici, senza tentare di evaderne. Al contrario di quanto fa il suo collega, egli riesce ad oggettivare la propria condizione umana, restando saldamente integrato nella vera sostanza, per quanto negativa, del suo ambiente.

In questa luce, è logico che la tradizionale dicotomia fra città e campagna subisca, nella narrativa di Calvino, una elaborazione più consona con quella che si potrebbe definire la visione metadialettica dell'autore. La classica opposizione tra luogo campestre e luogo urbano viene perciò sottoposta, in chiave di un'ovvia quanto corrosiva ironia, a una reinterpretazione secondo cui l'immagine bucolico-romantica della campagna diventa una grottesca estensione (deformazione) della città industriale. Sebbene svolto con maggiore ampiezza nei *Racconti di Marcovaldo*, anche ne *La nuvola di smog* pensiamo sia ravvisabile qualche accenno a tale fenomeno. Verso la fine del romanzo, per esempio, avendo seguito un carro di lavandaio fuori città, il protagonista vede che

> Larghi prati erano attraversati da fili ad altezza d'uomo e a questi fili erano appesi ad asciugare uno dopo l'altro i panni di tutta la città, ancora molli di bucato e informi, tutti uguali nelle grinze che la stoffa faceva al sole, e per ogni prato intorno si ripeteva questo biancheggiare delle file lunghissime di panni.

Se in questa descrizione all'autore preme evidenziare come l'èra tecnologica abbia parificati e resi indistinguibili gli uomini, fino al punto di conferire ai loro indumenti le stesse pieghe, a loro volta indicative della monotona similarità dei gesti di chi se ne veste, con quella che chiude il racconto Calvino ha l'aria di voler dire che ormai la campagna, oltre ad esistere in funzione della città, ne è irrimediabilmente segnata:

---

[43] Ivi, p. 551.

i campi dove le donne come vendemmiassero passavano coi cesti a staccare la biancheria asciutta dai fili, e la campagna nel sole dava fuori il suo verde tra quel bianco, e l'acqua correva via gonfia di bolle azzurrine. Non era molto, ma a me che non cercavo altro che immagini da tenere negli occhi, forse bastava.[44]

Interessante la sovrapposizione terminologica che si nota in questo brano, secondo cui una scena non puramente agricola è invece descritta con immagini prese dall'ambito dell'agricoltura. In forza di una tale mescolanza di elementi descrittivi si crea una nuova natura, una natura che agli occhi del protagonista risulta l'unica conoscibile. Contro la tradizione romantico-bucolica, il significato dell'episodio sembra essere che solo una mente che distingue fra un *prima* e un *dopo* può ragionare in termini di naturale e artificiale.

Il tema della natura industriale che si sostituisce alla natura campestre è già presente, come si è accennato, in alcuni racconti che, scritti dal Calvino nel 1953, fanno centro intorno alla famiglia cittadina di Marcovaldo. Nel breve racconto *Il bosco dell'autostrada*, ad esempio, il concetto della campagna industrializzata è pienamente sviluppato. Per riscaldare la sua povera abitazione, Marcovaldo va in un giardino pubblico a cercare qualche ramoscello d'albero. Durante la sua assenza i suoi figli, che leggevano libri di fiabe — nei quali si apprende appunto che è in campagna che crescono gli alberi — vi si dirigono seguendo la strada principale. Finalmente, giunti in "campagna", si mettono ad abbattere gli "alberelli" che costeggiano l'autostrada. Al rincasare, il padre trova la casa riscaldata da un calore che purtroppo si rivela di troppo breve durata, per cui decidono di ritornare nel "bosco" per farne maggiore provvista:

> una folta vegetazione di strani alberi copriva la vista della pianura. Avevano i tronchi fini fini, diritti o obliqui; e chiome piatte e estese, dalle più strane forme e dai più strani colori, quando un'auto passando le illuminava coi fanali. Rami a forma di dentrificio, di faccia, di formaggio, di mano, di rasoio, di bottiglia, di marca di pneumatico, costellate da un fogliame di lettere dell'alfabeto.[45]

Cresciuti in città, quando per la prima volta si trovano in campagna, è del tutto comprensibile come i figli di Marcovaldo debbano scambiare cartelloni pubblicitari per alberi, e il compensato di cui sono fatti per legna da ardere. È difficile capire fino a che punto Calvino sia polemico — e fino a un certo segno lo è senz'altro — in questo come negli altri racconti della serie; perché se le gesta di Marcovaldo e dei suoi figli appaiono grottesche

---

[44] Ivi, p. 657.
[45] I. Calvino, *Il bosco dell'autostrada*, ne *I Racconti*, Einaudi, Torino 1960, p. 168.

a noi che le seguiamo da tutt'altra prospettiva, c'è da dire anche che per i personaggi del racconto esse sono pienamente in armonia con il loro *cosmos*, ristretto e denaturalizzato che a noi possa sembrare. Inoltre, nella misura in cui sono prodotti della civiltà industriale, i figli di Marcovaldo non sono in grado di capire che la natura (l'autostrada con i suoi alberi-*réclames*), per quanto falsata dalla mano dell'uomo, non sia più quella (appunto bucolico-romantica) che trovano descritta nei loro libri di fiabe. Essendo questa l'unica natura che essi conoscono, vi si possono muovere senza avvertire nessun disagio, nessun senso di frattura.

Questo il messaggio che, quasi al di sopra delle intenzioni dell'autore, ci sembra di poter cogliere da questa come da tante altre situazioni nella narrativa calviniana; e tale ambiguità infirma, a nostro giudizio, quella che altrimenti prometteva di essere una validissima voce di protesta contro l'industria e i suoi effetti. Che vi sia in Calvino una tale visione storico-oggettiva, la quale, appunto perché sensibile al relativismo esistenziale della condizione umana, si articola più volentieri sul piano della testimonianza anziché su quello della polemica, pare indiscutibile. Ciò sembra potersi desumere, inoltre, dalla mancanza in Calvino di una dimensione politica (e qui non s'intende certo nel senso di un puntuale ossequio a questo o quel programma di politica ufficiale), che rimane pur sempre l'unico vero modo di tradurre i propri ideali in termini di una fattiva ed efficace operazione di riforma sociale, quale per esempio traspare da tutto il comportamento del protagonista de *La nuvola di smog*, schematizzandosi in maniera inequivocabile nella seguente situazione dove, ad un operaio che gli prospetta le future meraviglie di un mondo comunista:

> — Eh, no, sarà come lì [in un paese orientale comunista non meglio specificato], perché è la coscienza che cambierà, da noi come da loro, saremo nuovi dentro, prima che fuori . . . Eh, ci saranno problemi anche allora, non bisogna credere che da un giorno all'altro. Per un bel po', sarà dura: la produzione . . . Ma si sarà fatto un bel passo . . . Cose come adesso, per esempio, non succederanno . . .

il protagonista-narratore oppone:

> Mi rendevo conto che a lui, venisse o non venisse quel giorno, gli importava meno di quel che si potesse credere, perché quel che contava era la condotta della sua vita, che non doveva cambiare . . . Cambierebbero vita i santi, se sapessero che il paradiso non c'è?[46]

Ovviamente la risposta a una tale domanda non può che essere negativa,

---

[46] I. Calvino, *Una nuvola di smog*, cit., p. 561.

proprio perché, in quanto santi, devono vivere coerentemente e linearmente in funzione del loro unico punto di riferimento — il paradiso —, che è ad un tempo l'unica vera dimensione del loro mondo. In questo modo, più che corrodere il mito dell'impegno ideologico (sia esso politico che religioso), Calvino addita il valore parziale, se vogliamo personale, che prima o poi finisce per rivestire qualsiasi programma di vita, specie se di attuabilità avveniristica, nonché il delicatissimo rapporto di identità che viene a stabilirsi tra un uomo e le sue idee. Per cui, rinunciare a un nostro punto di vista, ritrattare un nostro convincimento ideologico, significa sacrificare una *parte* di noi stessi; una parte che prima completava, aumentandone la dimensionalità, la nostra persona. Né, in questa linea, è legittimo parlare di assenteismo, anche se il personaggio che esprime tale pensiero è senz'altro un assenteista in senso strettamente politico. Piuttosto, sarà bene distinguere tra assenteismo politico e assenteismo socio-esistenziale; colpevole, se si vuole, del primo, il protagonista de *La nuvola di smog*, per quanto alienato, è tutt'altro che improduttivo all'interno della sua società.

6. Lucio Mastronardi, *Il maestro di Vigevano*: l'industria tra benessere e perdizione

A differenza delle opere a sfondo industriale del Calvino, nelle quali si colgono i riflessi estremi di una civiltà segnata fino alla trasformazione dagli sviluppi avvenuti nel settore tecnologico, nei romanzi di Lucio Mastronardi — ed in particolare ne *Il maestro di Vigevano* (1962) — seguiamo la puntuale registrazione dei vari mutamenti d'ordine socio-etico che avvengono in una piccola comunità improvvisamente presa d'assalto da un'economia di tipo industriale, e, in maniera più specifica, la disgregazione di una famiglia contaminata dal guadagno e dalla mentalità industriali. Occorre avvertire subito, però, che *Il maestro di Vigevano* difficilmente può dirsi una valida e ben articolata polemica diretta contro l'industrialismo, e questo principalmente a causa del carattere del personaggio principale, il maestro Mombelli, e il preciso rapporto tra lui e sua moglie. È senz'altro vero che, una volta introdotta nell'ambiente industriale quest'ultima acquista un altro e più sbrigativo modo di fare, e presto finisce per smettere quell'abito di tradizionale e domestica acquiescenza che, relegandola a una posizione di tacita subordinazione, la rendeva più gradita al marito. Piuttosto, sarà da dire che la sua introduzione nel settore industriale le permette di formulare un più chiaro giudizio sull'inconcludenza del proprio consorte, la cui vita si svolge all'insegna di un'inerzia abitudinaria e di una tronfia albagia che gli deriva, in quanto maestro elementare, dal suo far parte di una presunta *élite*. Privo di ogni senso di iniziativa, è chiaro come le lacune del suo carattere debbano risultare ingrandite agli occhi della moglie allorché finalmente essa ha modo di avvicinare persone dotate di tutt'altro spirito d'intraprendenza. Più che altro, è la classica preferenza che la donna avverte per l'uomo d'azione a motivare il suo progressivo rigetto del marito, dei suoi gretti orgogli, e della sua soffocante immobilità che, di pretto stampo piccoloborghese, si coglie agevolmente nella particolare visione che il Mombelli ha della vita:

> E mi penso che sono come un naufrago attaccato nel mare della vita a uno scoglio e rimango attaccato mentre attorno a me tutta un'umanità nuota, cerca di raggiungere scogli più comodi. Oppure nuota perché, dato che si è al mondo, non ha senso stare attaccato a uno scoglio e aspettare la morte. Catrame. Sono pieno di catrame e di paura.[47]

L'immagine del catrame che conclude, sintetizzandola, questa sorta di autopalinodia della propria inerzia, simboleggia la pigra accettazione di certe abitudini che il personaggio sa godono del beneplacito di quanti lo circondano. Tale beneplacito, e la consapevolezza che ignorarne gli obblighi impliciti significa perdere quei privilegi che sono nostri finché aderiamo ai dettami del gruppo, costituiscono il "catrame", quel sentirsi imprigionati nella società, appunto come ciottoli fissati (incatramati) nella strada. Tuttavia, siccome in ultima analisi ogni uomo reca in sé, ed unicamente in sé, il potere di plasmare il proprio destino, l'imperativo di scegliere una nuova via — una via che permetta di condurlo ad una vita più piena — gli sta sempre davanti. Per questo, immani che siano e le limitazioni e le costrizioni ambientali, all'uomo è sempre riservato una certa misura di salvezza in forza della sua indeclinabile libertà di scelta. È quando preferisce rinunciare a tale libertà, come nel caso del Mombelli, per non pregiudicare le seppur imperfette garanzie del suo attuale *status quo*, che l'uomo si rende eticamente responsabile della propria infelicità, della propria inconcludenza umana.

Il romanzo di Mastronardi, ambientato com'è negli anni quando l'Italia, come anche le altre nazioni che avevano subito in maniera più totale le rovine della guerra, era tutta protesa nell'epica ricostruzione del paese e nella ripresa della sua economia, costituisce soprattutto un documento ad un tempo interessante ed esatto di come sia nato e si sia sviluppato uno dei settori più significativi dell'economia del dopoguerra italiano: quella calzaturiera. Nella piccola città lombarda di Vigevano intere famiglie convertono le proprie abitazioni in piccoli calzaturifici, dove attendono, fino a tarda notte, alla manifattura di scarpe. Questo

---

[47] Lucio Mastronardi, *Il maestro di Vigevano*, Einaudi, Torino 1964, p. 69.

sforzo da parte della popolazione di elevare il proprio tenore di vita traspare sin dalle prime pagine del libro, allorché, rincasando una sera, il protagonista e la moglie sentono un ronzio di macchinari che sembra emanare da tutte le case; anche ad un'ora così avanzata c'è chi lavora ancora:

> Camminavo rasente a portoni sprangati, a finestre chiuse. Dai muri trapelavano rumori di martelli che battevano, di macchinari che andavano.[48]

Ritmo e cadenze di lavoro che sono contrappunto e sfondo alle resistenze che il Mombelli oppone a una realtà che indubbiamente lo circonda e che finirà inesorabilmente per inghiottirlo entro le sue spire. I sordi ma incessanti rumori di bottega essendo il puntuale richiamo ad un irreversibile ordine di cose; un ordine nuovo, contro il cui avanzare il personaggio lotta invano.

Sul lavoro degli industri vigevanesi, inoltre, sotto molti aspetti ancora artigianale, si addensa un'aura di segretezza, di mistero, e ognuno lavora come di nascosto dall'altro. I portoni sono "sprangati", le finestre "chiuse", ogni famiglia si impone un ritmo di lavoro proprio, conferendovi un'impronta tutta personale. Come si è già rilevato, è una fase di lavoro che sta a metà strada tra l'artigianato e l'industria: artigianale non lo è del tutto perché si producono articoli in serie, a macchina, e destinati al consumo di massa; industriale nel pieno senso del termine non lo è nemmeno in quanto è in casa e con tempi di lavorazione individualmente stabiliti che viene svolto. Pervasa ovunque, la febbre dell'industria cambia, spesso in maniera sostanziale, la vita dei cittadini di Vigevano, partecipi tutti, con diretta cognizione di causa e con notevole impegno, al nuovo impulso economico portato tra loro dall'industria.

All'inizio, solo il personaggio principale (e ovviamente i suoi colleghi di scuola) rimane fedele alle sue abitudini, contento del suo guadagno che è "sufficiente per arrivare alla fine del mese". Già però l'aura di tranquillità della sua casa è turbata dalla richiesta di "andare a lavorare" che la moglie, vagamente consapevole di quanto sta avvenendo intorno a loro, gli ripete con crescente frequenza. Sarà soprattutto tale desiderio della moglie di migliorare le loro grame condizioni economiche, e che il marito in un primo tempo contrasta per ragioni di decoro professionale, a rompere definitivamente il già di per sé tenue equilibrio affettivo-domestico di casa Mombelli. Ada, la moglie del protagonista, una volta entrata nel mondo dell'industria, cambia carattere, assimilando il fare volgare degli operai e delle operaie con cui viene in contatto. Perfino la vita sessuale dei coniugi

[48] Ivi, p. 14.

finisce con il risentirne:

> Ada ogni fine mese mi mostra la sua busta paga e tace. Parlano i numeri. Mi sento umiliato che mia moglie guadagni più di me . . . Ha firmato cambiali per comprare altri mobili, altra roba. La casa sta cambiando come siamo cambiati noi e i nostri rapporti. Prima, quando la svegliavo nel pieno della notte, ella si concedeva volentieri. Sembrava contenta di quel brusco risveglio. L'ultima volta si è arrabbiata. — E lasciami dormire, cavolo! — disse. — Cambia orario che fra qualche ora mi alzo! Quel modo ordinario di parlare, quelle parole come 'cavolo', 'me ne frego', 'chi se ne sbatte', mi urtano.[49]

Stando a queste testimonianze, industrializzazione significa involgarimento, sovvertimento dell'ordine tradizionale, e il conseguente miglioramento economico non fa che immiserire i rapporti affettivi in seno all'ambito domestico. E il clima industriale, per i suoi facili rapporti umani nonché per l'aumentato guadagno e il senso di libertà che ne derivano, diventa una sorta di matrice di perdizione. È proprio qui però che si rivela una delle maggiori incrinature del libro, il cui tema vuol essere l'angoscia esistenziale prodotta dalla dimensione compromissoria di cui è fatta ogni vita umana. Nel caso specifico, il conflitto tra la consapevolezza che il protagonista ha degli innegabili benefici impliciti nella sua quotidiana ripetizione di comode ancorché antieroiche abitudini da una parte, e, dall'altra, l'insopprimibile anelito, che è di tutti gli uomini, ad uscire da una condizione socio-esistenziale ormai cristallizzata e pertanto preclusiva di ogni pur minima espressione di originalità. Al Mombelli, che è oltretutto un pigro e un egoista, fa comodo attribuire la volgarità della moglie ai contatti che questa ha stabilito con il clima industriale, senza riconoscere che anche la sua riluttanza a sacrificare quelle che in fondo sono abitudini, oltreché banali, insulse al massimo, può anche in parte esserne responsabile. Con le sue letture chiuso nel gabinetto, le sue eroiche fantasie ciclistiche, insieme a tutte le altre sue bizzarre manifestazioni, il Mombelli si rivela, e questo già dalle prime pagine del romanzo, un essere pienamente alienato. Né è l'unico; tutti i suoi colleghi, in un modo o nell'altro lo sono tutti. Alla base dell'alienazione di questi maestri elementari vi possono essere sì l'industria, e il conseguente ascendente socio-economico che ne acquistano i protagonisti, per cui i cosiddetti *intellettuali* si vedono emarginati dalla società; ma a guardare bene, l'alienazione dei maestri sarà più una forma di voluto distacco — che in definitiva serve a mascherare la loro congenita inettitudine — anziché un vero e proprio estraniamento dai fulcri più vitali della loro comunità. Per questo, più d'ogni altra cosa, *Il maestro di Vigevano* sarà da leggersi come la

---

[49] Ivi, pp. 38-39.

tragedia dell'antieroismo divenuto passiva e perciò voluta (e sotto certi profili accarezzata) assuefazione esistenziale.

L'eventuale capitolazione del Mombelli di fronte alle continue esortazioni della moglie ad abbandonare la scuola per l'industria si articola, almeno epidermicamente, in termini del ben noto sacrificio degli idealismi sugli altari dell'opportunismo economico. Il fenomeno è particolarmente sentito nell'ambito scolastico dove gli insegnanti, da tempo disillusi circa i vantati privilegi del loro ufficio, svolgono la loro missione didattica con impegno ed entusiasmo minimi. Consci come sono che la loro vera autorità, il loro decoro professionale, è determinata — in quanto consentita — dai vari potenti della cittadina (gli industriali), essi non hanno altra soddisfazione che rovesciare sugli allievi poveri tutto il malcontenuto fiele delle proprie frustrazioni, dei propri rancori. Per questo il maestro Mombelli riscuoterà il rispetto dei suoi colleghi solo quando si sarà dimesso dall'insegnamento per entrare in società con la moglie e il cognato:

> — Hai avuto un bel fegato! — mi dicono quando li incontro. — Hai avuto un bel coraggio! Il collega Nanini mi ha confidato che diverse volte era sul punto di piantare la scuola e gli è sempre mancato il coraggio al momento . . . So di colleghi che adoperano le ore libere a commerciare; che si libererebbero volentieri dalla scuola ma, appunto, non si sentono di presentare quella domanda che ho presentato io.[50]

Va rilevato però che tale decisione del Mombelli in nessun modo costituisce da parte sua una libera scelta, né tanto meno un atto di coraggio come può sembrare ai suoi colleghi; costretto dagli eventi e dalla volontà della moglie, gli è giocoforza assecondare il nuovo andamento che ha acquistato prima la sua città e poi la sua stessa famiglia.

Quantunque romanzo di fabbrica in maniera molto indiretta, *Il maestro di Vigevano* ne possiede tuttavia tutti i temi possibili; anzi, alcuni di essi, quale la campagna vista come luogo di purezza virginea, vengono ampliati e svolti sotto un profilo volutamente demistificatorio. Al Mastronardi preme dissolvere il mito bucolico mettendone in evidenza il carattere tutto soggettivo, nonché il pericolo che ai deboli, come il Mombelli, deriva dall'adesione (che in realtà è evasione) a tale mito. Per questo, in un primo momento, la campagna è vista tradizionalmente come luogo di pace, di liberazione dalle angustie e lordure del mondo urbano, e come tale gustata dal protagonista-spettatore in tutto quello che vi trova di atemporale e puro:

> . . . il mio sguardo abbraccia tutta la vallata del Ticino: fiume, boschi,

[50] Ivi, p. 95.

ponte. Se mi volto vedo le case di Vigevano come massi scuri pieni di buchi luminosi, e mi dico: quelle sono finestre; . . . Mi volto ancora e si stende la campagna . . . Vicino alla trincea ferroviaria, divisa dalla staccionata, c'era un sentiero, e al di qua del sentiero si stendeva un piccolo bosco con una capanna nel mezzo. Una capanna sostenuta da palafitte. Dovevano essere i boscaioli. Ora che li guardo meglio sono gli stessi che ho incontrato prima e che ho pensato a lui che mostrava le dita dei piedi, e a lei che lavorava. Proprio loro sono. Li vedo che stanno mangiando. E lui è scalzo . . . Il boscaiolo e la sua donna che sono nudi . . . Mi sembra di avere dinanzi un quadro di grande pittore. Il corpo nudo della donna emana una luce che di sé riempie tutto il bosco; il sesso si armonizza con tutta la bellezza del suo corpo. Mi dico: questo è un quadro! . . . Ella emana luce; una luce che trasfigura.[51]

Quanto più è idealizzata tale visione — cui, conviene sottolineare, il protagonista assiste da vero uomo moderno, e cioè da spettatore — tanto più grande sarà la delusione del Mombelli allorché si avvedrà che questa primitiva Eva, la compagna del boscaiolo, da simbolo di purezza e di spontaneità che gli era apparsa prima, si rivelerà una volgare meretrice che più tardi egli incontrerà per le vie cittadine. Ma almeno per ora la grande luce che egli scorge nell'idillio rustico è soprattutto in rapporto alla poca luce della propria vita coniugale. Pensando alla moglie, infatti, vede che "la differenza che passa fra il nudo di questa donna boscaiola e quella di mia moglie è la stessa differenza che può passare fra un nudo di grande artista e un nudo di una fotografia pornografica". E quando finalmente Eva e il boscaiolo si accoppiano, agli occhi assetati di freschezza del protagonista "il loro amore è proprio amore da paradiso terrestre, non è come il mio amore con Ada . . . ".[52]

A causa del particolare *status* psicologico dello spettatore, una realtà alquanto banale si trasforma in una scena da "paradiso terrestre", in un qualcosa di fuori del tempo, di incontaminato. Egli contempla la scena campestre e, sfocandone a modo suo i contorni, vi scorge un mondo di statica perfezione, un mondo suo, da possedere solo con gli occhi e la fantasia. Quasi del tutto soverchiato dagli effetti del suo mutato treno di vita, ormai il Mombelli assiste al progressivo involgarimento della moglie e allo sgretolarsi di quel tanto di affetto familiare che ci poteva essere nella sua famiglia prima che essa si trasformasse in un piccolo gruppo industriale.

Verso la fine del libro, durante una passeggiata serale per le vie di Vigevano, il Mombelli s'imbatte in una prostituta; incontro che fa crollare, trattandosi proprio della stessa Eva del quadro rustico, la magnifica

[51] Ivi, p. 67.
[52] Ivi, p. 73.

visione che il protagonista ne ebbe vedendola da lontano nell'ambiente naturale:

> Nel buio vedo che è lei, proprio Eva. — Che tempo! — dico. — Duemila anticipate, — risponde. — Si chiama Eva? — Sì, perché? — Viveva in una capanna? — Eben? La sua voce è sgraziata come lei. — Sa, duemila anticipate! Ella mi precede lungo un sentiero che finisce in una corte. Entra in una porta, dove una vecchia sta facendo il gioco delle carte. Mi porta dentro, in una specie di cantina. Si spoglia con quella meccanicità di puttana; quindi si stende nuda sulla branda. Il suo corpo non emana nessuna luce: è il corpo di una donna nuda comune. Nessuna armonia c'è in quelle forme. Mi sembra di guardare una fotografia pornografica. Mi sembra anzi che emani puzza di poca pulizia. Ma deve essere una reazione: nella capanna mi sembrava che emanasse un profumo di fiore. Pensai di essere stato vittima di un effetto ottico. Non era il corpo di lei che illuminava il bosco, ma era il bosco, con la sua oscurità, a far risplendere quel biancore.[52]

Qui il pessimismo della situazione tocca il suo culmine; tutto l'episodio vuol indicare che l'uomo è irrimediabilmente corrotto, oppure corruttibile; solo la natura, allo stato primitivo, conferisce una luce di purezza e di candore a chi entra a farvi parte. Ora, lontana dal *locus amoenus* in cui il Mombelli l'aveva vista e contemplata per la prima volta, Eva si rivela di una realtà ancora più volgare e soffocante della propria moglie.[53]

Più che essere la denuncia dei mali che produce l'industria su un'intera popolazione, *Il maestro di Vigevano* segue la minuta rovina di un uomo, il cui piccolo mondo è minacciato direttamente dal tipo di vita implicito nell'organizzazione industriale. Che si tratta di un angoscia tutta particolare si capisce benissimo da un sogno che fa il protagonista, nel quale si assommano, trasposti simbolicamente, tutte le sue maggiori paure e turbe. Nell'incubo, Mombelli capita nel regno dell'orco dove s'impegna nella liberazione di una fata, prigioniera del mostro. La descrizione della casa dell'orco, che è in realtà un edificio a carattere industriale, serve a specificare le precise conseguenze d'ordine psicologico-sessuale che tale fenomeno ha prodotto sul Mombelli. Sotto questo profilo, tipicamente freudiano, l'industria, agli occhi del protagonista, con la sua potenza (la

---

[53] Ivi, pp. 180-181.
[54] È degno di rilievo che *Il maestro di Vigevano* è una delle poche opere dove vediamo ricalcato, in maniera perfettamente lineare (anche se ovviamente non possiamo sapere fino a che punto l'autore ne fosse consapevole), le teorizzazioni del Simmel circa le conseguenze che la civiltà tecnologico-moderna avrebbe avuto sull'amore. Il famoso sociologo tedesco, nell'estendere la sua teoria cardinale relativo al conflitto tra vita e forma anche ai rapporti tra uomo e donna, conclude che l'attività sessuale, praticata sia con la propria moglie che con una prostituta, viene destituita del suo più vero significato dal carattere profondamente *istituzionalizzato* della convenzione matrimoniale come anche della professione meretricia.

virilità particolarmente sviluppata dell'orco) e la sua inarrestabilità (la furibonda corsa in automobile) si configurano, sostituendosi ad una generica autorità paterna, in un esplicito rapporto di contrasto e perciò di rivalità sessuale. In questa luce, l'industria avrebbe come effetto principale la castrazione fisiologica dei tipi come il Mombelli, che, introversi e timidi, avvertono di fronte agli uomini d'azione un prontamente riconoscibile complesso d'inferiorità. Man mano che il Mombelli si avvicina alla casa dell'orco, vede i suoi tentativi di liberare la fatina sventati dalla fata stessa, la quale è contenta di stare in compagnia del suo bruto seduttore:

> . . . L'orco seguita a mangiare e a bere con versacci gutturali. La fata mi sembra che abbia paura, che lo guardi smarrita. Ma ecco che l'orco si alza e mostra una spaventosa virilità, la fata chiude gli occhi e balla; balla e intanto si spoglia da sola. La fata? Ecco che è nuda, la fata? Proprio la fata; e va a instigare l'orco.[55]

E ad un tratto si rivela la verità della scena onirica:

> Fisso la fata e riconosco in lei una puttana; fisso l'orco e riconosco in lui un industriale. Fisso la casa e mi accorgo che è una casatta di Ticino. "Ah!", urlo all'uccellino azzurro. Quei due si spaventano e aprono. "Cosa viene a rompere i coglioni?", urla la fata. L'industrialotto mi rinchiude sulla sua automobile. Poco dopo corriamo a pazza velocità. L'industrialotto guida disperato. Dietro, la puttana canta a squarciagola. Vedo sul suo viso pallido passare le ombre di alberi e case e case e alberi; e l'industrialotto guida sempre più forte: centottanta, duecento, duecentoventi, finché arriviamo sul ponte del Ticino; ma il ponte è senza parapetto. La macchina corre sull'orlo del ponte, in bilico, finché con un urlo mi sveglio, bagnato, come fossi caduto davvero nel fiume.[56]

La tremenda violenza, vuoi psicologica che fisica, di cui il protagonista è vittima nel sogno, è una fedele rappresentazione del senso di avvilente impotenza che egli avverte di fronte alla sua società: società prevalentemente ad impostazione industriale che finisce per schiacciare chi, sia per convincimento ideologico che per incapacità fisico-caratteriologiche, non è in grado di accettarne né le premesse né tantomeno gli obblighi. L'industria è qui vista come fonte di tutto ciò che è negativo, come un male contagioso che lentamente consuma e distrugge chi ne fa parte. Nella trasposizione onirica di tale realtà, però, è pur significativo che la donna ad essere contesa sia una fata; un *modello* femminile cioè che non può appartenere alla realtà, sibbene a quel *prius* fiabesco-ideale che ogni uomo è tenuto a superare prima di poter conquistare la propria e più vera

---

[55] L. Mastronardi, op. cit., p. 199.
[56] Ivi, pp. 199-200.

dimensione virile. Il Mombelli, e crediamo sia indiscutibile, è in malafede, e perciò tenta di giustificare la sua opposizione al mostro industriale in termini dell'obbligo *mitoeroico* incombente sui *virtuosi* di liberare gli oppressi. Ma, come è noto, spesso dietro lo spessore nebuloso dei sogni vi è, in attesa di essere scoperta, una precisa verità psicologica. Nel caso specifico, il protagonista, vedendo frustrati i propri tentativi di liberazione dalla fata stessa, la quale gli preferisce l'orco, ha di fronte a sé, emblematicamente sceneggiata, la prova della insufficienza della propria azione, nonché della fondamentale illeicità della sua rivolta morale. Infatti, ammesso pure che l'industria sia cosa avvilente e eticamente riprovevole, la soluzione esistenziale del personaggio non offre certo un'edificante alternativa. Alla fine, egli riesce a salvarsi, lasciandosi riassorbire nella vita di prima; ritornando cioè nell'ambito scolastico con tutte le sue gerarchie e categorie:

> Penso che il futuro sarà uguale al passato: tanti mesi di scuola, tanti mesi di vacanza. E quando è scuola, sento con gioia che il tempo passa e le vacanze si avvicinano. Quando è vacanza, penso con gioia che anche quelle stanno passando e ricomincia un altro anno di scuola. Coefficente 202.[57]

Il Mombelli accetta la via più facile purché riesca ad avere quelle garanzie di protezione e quietovivere così indispensabili alla sua natura di uomo apatico e antieroico. Da perfetto piccolo borghese, alienato ed introverso, avverte il bisogno di vivere una vita senza tensioni, senza urti; una vita sempre uguale, fatta di una serie di abitudini, di gesti, che si ripetono, sempre con la stessa intensità.[58] Il personaggio, inoltre, non è in grado di partecipare in maniera diretta nemmeno alla vita dell'insegnamento; astraendosi dal momento presente, si proietta mentalmente in un momento avvenire. Egli esplica il suo lavoro con il minimo spreco di energie possibile, senza impegnarsi a fondo nella realtà che lo circonda; vive, ed è la sua espressa ambizione, in margine all'organismo industriale, preferendo goderne indirettamente i benefici senza veramente contribuirvi.[59] Se in un primo momento aveva proibito alla moglie di

---

[57] Ivi, p. 211.
[58] Ivi, p. 117.
[59] Un critico, nel suo rapido giudizio sul Mastronardi, ed in particolare su *Il maestro di Vigevano*, parla "delle categorie sociali, come ad esempio la categoria degli insegnanti elementari, che rimangono escluse dai vantaggi del benessere economico" che lo sviluppo industriale ha portato alla cittadina di Vigevano (Gualtiero Amici, *Il realismo nella narrativa da Verga a Mastronardi*, ed. Ponte Nuovo, Bologna 1963, p. 134). Giudizio che è vero solo in parte; in realtà il Mombelli, come in fondo tutti gli insegnanti della sua scuola, hanno un atteggiamento di superiorità sociale nei riguardi dell'industria e degli industriali, che per la maggior parte sono persone venute su dal nulla, i quali però hanno contribuito in maniera

lavorare in fabbrica, era puramente per motivi di decoro socio-professionale: "Il pensiero che mia moglie — moglie di un piccolo borghese — entri in fabbrica, si metta alla stregua degli operai, mi è insopportabile."[60] In nessun modo il suo divieto si inquadra in una sentita quanto ponderata concezione etica del problema. L'industria e l'indipendenza economica, che ne è uno dei frutti più immediati, per quanto contribuiscano — e possiamo dire in maniera assai rilevante — al crollo del piccolo mondo del Mombelli, per le ragioni che si è cercato di illuminare non possono certo dirsi le cause uniche di tale fallimento. Forse di gran lunga più determinanti della svolta negativa che finirà per prendere la vita familiare del protagonista sono i suoi vacui pregiudizi di casta, — per niente suffragati dalle attuali condizioni di vita della cittadina —, insieme al tradizionale immobilismo di un uomo che, ad un tempo incapace di tenersi al passo delle trasformazioni che gli avvengono intorno nonché sprovvisto di sane alternative da opporvi, preferisce estraniarsi dal gruppo, rinchiudendosi nel proprio guscio esistenziale. Questa è la vera matrice dei mali che a breve scadenza si abbattono sui protagonisti di un libro che non riesce mai veramente a farsi dramma proprio perché al centro di ogni manifestazione del suo personaggio principale sta in maniera ineliminabile la più totale mediocrità.

significativa all'aumentato tenore di vita del borgo, di cui indirettamente tutti (compresi i maestri elementari) godono.
[60] L. Mastronardi, op. cit., p. 9.

IV
IL ROMANZO INDUSTRIALE TRA DOCUMENTO E IMPEGNO

Ottiero Ottieri, *Tempi Stretti*

Fra gli scrittori ad essersi occupati del fenomeno industriale, visto in sé quanto nei suoi molteplici riflessi sul più generale assetto della società contemporanea, Ottiero Ottieri merita una considerazione a parte, soprattutto per l'estensione settoriale della sua indagine più che per il livello socio-pragmatico, piuttosto vago ed incerto, del suo impegno. Per Ottieri, secondo l'autore stesso scrive nel suo diario *La linea gotica*, avvicinarsi al mondo della fabbrica significa innanzi tutto stabilire, o per lo meno tentare di stabilire, un rapporto più o meno stretto con persone appartenenti a una differente sfera sociale:

> . . . Se un intellettuale di sinistra non ha mai preso contatto, o perde contatto, con la classe lavoratrice, finisce a voler darsi da fare per essa come per un miraggio e rischia di tornare all'innocenza di certi giovani fascisti che lottavano per la Patria, e non volevano saper niente altro di niente.[1]

Tuttavia, più che una dichiarazione di un preciso impegno sia di natura socio-politica, sia semplicemente conoscitiva, le parole dello scrittore non sono senza una loro intrinseca ambiguità, nella misura in cui investono il problema della particolare difficoltà che affronta l'intellettuale allorché decide di volersi adoperare per il riscatto etico-economico del proletariato. In base alla maniera in cui Ottieri imposta il problema, inoltre, viene fatto di domandarci chi, in ultima analisi, dovrà trarre il maggior beneficio da questo ravvicinamento tra intellettuale da una parte e classe operaia dall'altra. E poiché Ottieri dice chiaramente di non voler cadere nello stesso errore di "certi giovani fascisti", ciecamente impegnati nella lotta "per la Patria", sembra lecito inferire da una tale cautela che preoccupazione principale dell'autore, ne abbia o meno chiara coscienza, sia proprio quella di non operare a vuoto, di non dover scoprire, cioè, dopo aver tanto fatto, che tra le proprie aspirazioni e quelle degli operai esiste

---

[1] Ottiero Ottieri, *La linea gotica*, Bompiani, Milano 1962, p. 10. L'incoscienza che porta al fascismo è il tema del primo romanzo di Ottieri, *Memorie della incoscienza*, Einaudi, Torino 1954.

un abisso tale da far risaltare l'estraneità quanto l'ingenuità del suo intervento. Con questo non si vuol mettere in dubbio la sincerità dello scrittore, ma solo sottolineare un problema che, presente anche nel suo romanzo industriale *Tempi Stretti*, sul piano teorico risale a delle osservazioni da Ottieri registrate nel 1954; periodo in cui attendeva già alla composizione di *Tempi Stretti*:

> Novembre (1954). Se la narrativa e il cinema ci hanno dato poco sulla vita interna di fabbrica, c'è anche una ragione pratica, che poi diventa una ragione teorica. Il mondo delle fabbriche è un mondo chiuso. Non si entra — e non si esce — facilmente. Chi può descriverlo? Quelli che ci stanno dentro possono darci dei documenti, ma non la loro elaborazione: a meno che non nascano degli operai o impiegati artisti, il che sembra piuttosto raro. Gli artisti che vivono fuori, come possono penetrare in un'industria? I pochi che ci lavorano diventano muti, per ragioni di tempo, di opportunità, ecc. Gli altri non ne capiscono niente: possono farvi brevi ricognizioni, inchieste, ma l'arte non nasce dalla inchiesta, bensì dalla assimilazione. Anche per questo l'industria è inespressiva; è la sua caratteristica. Tra lo stare in una industria e il parlarne, esiste come una contraddizione in termini. Superarla è durissimo, e infatti ognuno si aspetta che l'altissimo prezzo da pagare per superarla, lo sborsi un altro. Troppi oggi si augurano il romanzo di fabbrica, ecc., e troppo pochi sono disposti a riconoscere le difficoltà pratiche (teoriche) che si oppongono alla sua realizzazione. L'operaio, l'impiegato, il dirigente, tacciono. Lo scrittore, il regista, il sociologo, o stanno fuori e allora non sanno, o, per caso, entrano, e allora non dicono più.[2]

La perplessità che l'autore esprime di fronte al suo assunto narrativo, e che qui egli scompone in una minuta quanto inutile analisi, di per sé basta a spiegare in gran parte quanto di poco riuscito vi sia nel suo romanzo. Innanzi tutto, ci sembra che Ottieri esageri nelle sue riflessioni sull'industria; sviato forse da un sentimento che rasenta ad un tempo soggezione e stupore nei riguardi della potenza industriale, egli sbaglia decisamente là dove tende a porre l'accento sul carattere ermetico della fabbrica, e sulla sua conseguente inaccessibilità. Sbaglia anche a voler vedere l'artista sotto un profilo quasi di sacro elitarismo, come se certi ambienti fossero per natura chiusi all'ispirazione artistica. Ha senz'altro ragione, invece, a distinguere tra "arte" ed "inchiesta", e a sottolineare che "l'arte non nasce dalla inchiesta, bensì dalla assimilazione", anche se una tale distinzione è di per sé generica, e perciò applicabile all'industria come a qualsiasi altro ambiente. Ricordiamo a questo proposito che il Vittorini riteneva innecessario un rapporto eccessivamente stretto tra l'artista e l'oggetto da rappresentare, in quanto esso limita quello che è l'argomento

[2] Ivi, pp. 167-168.

narrativo separandolo in maniera innaturale dal più ampio contesto al quale è collegato.³ Il neo più vistoso di *Tempi Stretti* è che le preoccupazioni teoriche dell'autore, invece di risolversi prima della composizione, diventano suppergiù le preoccupazioni pratiche del suo personaggio, Giovanni Marini, il quale ora più ora meno risente della formazione culturale del suo autore. Infatti, anche se non vi è niente nella vita del Marini che autorizzi a considerarlo un intellettuale, lata che sia l'accezione del termine, in più punti del libro il suo atteggiamento di fronte agli operai e alla loro condizione è esplicitamente quello di un osservatore distaccato e superiore. Come quando, per esempio, dietro invito di un amico ha modo di frequentare riunioni operaie di una fabbrica più grande, la Zanini, "Giovanni non resisteva di fronte al suo bisogno di frantumare nelle psicologie l'ideologia raziocinante e collettiva. Ma loro, per adesso, non se ne accorgevano; più che diffidenti erano fieri che una specie di intellettuale andasse a scuola da loro, nelle stesse panche dove, qualche volta, anche loro si sentivano a scuola."⁴ Il problema ha forse le sue radici in un inconscio pregiudizio di classe, per cui un *puro* rappresentante del proletariato non può possedere le doti necessarie per studiare un ambiente e poi comunicare agli altri, in un chiaro e ordinato disegno sintetico, il frutto delle sue osservazioni. In questo modo la credibilità narrativa del suo personaggio viene a discapitarne, nonstante Ottieri si sforzi a persuaderci della regolarità, per così dire, delle sue credenziali, accennando di volta in volta alle varie letture (soprattutto di natura tecnica) che costituiscono la preparazione libresca del Marini.⁵

Per ragioni di lavoro sue personali, Ottieri ha avuto modo di prendere contatto con il mondo della fabbrica, traendo poi da questa esperienza materia per vari romanzi, tutti incentrati su specifici problemi settoriali dell'organizzazione industriale-commercialistica: nella commedia *Venditori di Milano*, l'autore focalizza sugli effetti disumanizzanti della pubblicità commerciale; in *Donnarumma all'assalto*, esamina i problemi che nascono dall'incontro tra tecnologia da una parte e atteggiamenti condizionati da una secolare povertà dall'altra; e in *Tempi Stretti*, indaga il lento e difficile formarsi di una coscienza di classe presso un gruppo operaio, nonché le difficoltà che il personaggio principale deve superare nel suo tentativo di dare alle proprie scelte un preciso indirizzo ideologico.

Ambientato nella zona industriale della Milano dell'immediato

---

³ Elio Vittorini, "Il Menabò", n. 4, cit. p. 20.
⁴ Ottiero Ottieri, *Tempi Stretti*, Einaudi, Torino 1964, pp. 147-148.
⁵ Ivi, p. 92. Ricordiamo, a titolo di curiosità erudita, che lo stesso fenomeno si riscontra in altri due importanti romanzi di fabbrica: *Gli ammonitori* di Giovanni Cena, e *Tre Operai* di Carlo Bernari.

dopoguerra, *Tempi Stretti* ha come protagonista un giovane tecnico impiegato presso un'azienda tipografica, la Alessandri. Vari sono i piani su cui l'autore fa procedere le linee del suo disegno narrativo, e che riesce a tenere collegate grazie alla mobilità (fisica) dei suoi personaggi. In questo modo si passa da un interno industriale relativamente piccolo (La Alessandri) a quello più grande della Zanini, nonché all'ambiente sindacale presso quest'ultima fabbrica; come anche da un interno domestico modesto (la casa di Paolo, operaio presso cui il Marini è a pensione) al lussuoso appartamento altoborghese di Teresa, sua seducente protettrice, dove viene a contatto con le coperte manovre architettate dalle eminenze grigie del capitalismo italiano. Interessante, anche se non del tutto convincente per l'improbabilità del rapporto fra Teresa e il protagonista che ricorda certe situazioni da romanzo d'appendice, questa parte del libro consente ad Ottieri di compiere una puntata dietro le quinte del teatro industriale, nonché di individuarvi le singole personalità e come esse influiscono, dalle roccaforti del vero potere finanziario, sul più vasto andamento economico-politico di un paese.

In questo senso, disegnate con mano altrettanto sicura sono le pagine dedicate alle riunioni sindacali, le quali, anche se un po' lente per l'eccessiva cura documentaristica da parte dell'autore di registrare con fedeltà tutto quanto possa avvenire in questo importante settore della vita industriale, sono valide nella misura in cui enucleano assai bene i vari fattori che subentrano nell'elaborazione di posizioni e programmi politici, spesso determinati più che altro da umori e vedute personalissimi. Tali pagine, inoltre, avvalorano quanto Ottieri stesso aveva teorizzato, riconoscendo i pericoli di una letteratura industriale nella sua dimensione documentaristica e nella successiva incapacità dello scrittore di rimediare alla monotonia di una minuziosa registrazione di un dato fenomeno ambientale (nella fattispecie, la discordante polifonia di una riunione sindacale), mediante un'operazione di *sgrossamento* e di trasposizione sintetica. Che Ottieri sia più diarista, o documentarista, che poeta lo si vede fin troppo chiaramente proprio in questo romanzo, il quale vorrebbe essere uno dei suoi *statements* più espliciti sulla situazione operaia. È però che la veste del sociologo-saggista, da lui indossata ne *La linea gotica* e in *Donnarumma all'assalto*, troppo bene gli si attaglia perché possa completamente svestirsene allorché per impostazione e struttura un romanzo come *Tempi Stretti* gli imponeva, particolarmente sul piano della testimonianza socio-etica, delle scelte e delle soluzione ben più definite. Ne risulta una visione d'insieme del settore operaio-industriale che, poco inquadrabile in una prospettiva ideologico-perfezionistica, lascia insoddisfatti anche come dramma esistenziale, o più semplicemente come dramma umano, per l'ambiguità di tante situazioni che il testo presenta ma che non riesce mai veramente a risolvere. Particolarmente illustrativa di questa ambiguità, che a nostro vedere costituisce ad un tempo una lacuna etica e artistica, è la figura dell'Alessandri (padrone dell'omonima ditta dov'è impiegato il protagonista) il quale, in un discorso ai suoi dipendenti in occasione del venticinqueesimo anniversario dell'azienda può dirsi personificare il paternalismo padronale allo stato puro. Il discorso, infatti, ha tutto l'andamento di una vera e propria *captatio benevolentiae*, insistendo come fa sull'ambivalenza semantica di 'padre-padrone':

> . . . la nostra azienda è una grande famiglia. Io non sono che la guida di essa, quindi, se permettete, sono un po' il vostro padre. Cura naturale di un padre sarà sempre il non lasciar soli i suoi figli.[6]

Lo scopo del discorso è più che ovvio: propiziarsi i dipendenti e, sul versante pratico, dissuaderli dal voler introdurre, nella compagine aziendale, organizzazioni (quale una commissione interna) che risentano del progresso registrato in fabbriche più grandi e politicamente più mature. I dipendenti dell'Alessandri si sentono, come in realtà lo sono, in balìa della buona o cattiva disposizione del loro padrone, il loro benessere essendo scarsamente dipeso dalla possibilità di far valere i propri diritti. E l'ingegner Alessandri, dal bravo autarca reazionario che è, ci tiene a che le cose rimangano così, e che i suoi dipendenti si abituino a vederlo come arbitro unico e assoluto della loro vita in fabbrica. Su tutto questo chiaramente non c'è dubbio. Tuttavia, nella maniera e nei limiti in cui Ottieri ha costruito questo personaggio, è difficile resistere alla tentazione di andare oltre nella nostra disamina di quest'uomo, tenendo conto più della sua dinamica emotivo-morale che non delle reazioni, di sdegno e di riprovazione, di cui il suo comportamento è chiaramente suscettibile. In tal caso, più che giudicato il personaggio andrebbe capito; e per capirlo è necessario immedesimarsi nella sua mentalità e ancora più nel momento storico in cui si è formata la somma dei suoi valori. In questa luce, non sarà arduo vedere come l'Alessandri, figlio legittimo di una discendenza culturale dove le linee di dimarcazione tra padrone e sottoposto sono sempre state tracciate con dovizia di precisione, sia intimamente convinto di adoperarsi per il bene dei suoi dipendenti, e che solo la sua presenza dirigenziale possa veramente tutelarne gli interessi. È chiaro anche che da un uomo il quale dal nulla ha creato una azienda dove lavora e si guadagna il pane un certo numero di persone non è possibile pretendere che abbandoni prontamente le leve del comando, così faticosamente

[6] Ivi, p. 10.

acquistate, e che permetta ad altri di dettare legge in casa propria. Posto in questi termini, il discorso sembra esulare da qualsiasi parametro etico per iscriversi nell'ambito della cosiddetta psicologia del comportamento. Vi sono dei momenti, inoltre, in cui la visione che l'ingegnere ha dell'attuale situazione politico-economica, nei limiti si intende in cui riguarda la sua tipografia, è di un realismo assolutamente ineccepibile. Per esempio, allorché l'opificio sta per essere assorbito da un complesso industriale più potente, è l'Alessandri a far capire al protagonista la genuina opportunità ad essere lui a condurre le trattative di vendita, anziché una commissione di fabbrica appositamente formata, la quale, volenterosa quanto inesperta, non farebbe che portare i termini della transazione su un terreno favorevole alla ditta acquirente. Di fronte alle argomentazioni dell'Alessandri, "Giovanni tacque. Questa era una verità". E sulla scia di questa verità Marini riesamina con maggiore attenzione la posizione sua come quella degli altri:

> Inoltre non aveva parlato che con quattro operai; le idee degli altri rimanevano nascoste. Avrebbero dovuto convocare una assemblea generale, poiché egli non avrebbe mai imposto la sua verità e attendeva che la maggioranza degli operai la imponesse a lui: tuttavia, andavano anche guidati e forzati verso la soluzione più giusta . . . Ora egli aveva di fronte l'energia, l'amore sviscerato dell'ingegnere per la Alessandri. Glielo leggeva in faccia. E finché la proprietà esisteva ancora . . . Ma si trattava anche di mutarla, di corroderne la potenza . . . Disse agitato: — La commissione interna serve a impedire che questa crisi, anche senza il volere di nessuno, danneggi i dipendenti della Alessandri. Serve a farci partecipare ad essa, democraticamente, a educarci, ingegnere. Li vuole, ci vuole delle pecore? — Marini si sporgeva dalla poltroncina. L'ingegnere scosse il grosso capo: — No, no. Dei bravi tecnici, dei bravi impiegati, dei bravi operai, non sono mai pecore. — Lo disse grave, quasi spento, ma convinto.[7]

Tale tipo di mancata organicità, che in quest'opera si coglie con eccessiva frequenza, è ulteriormente rilevabile allorquando, accanto a quelle pagine dal tenore ora riferito, — dove più che una visione ideologica unitaria predominano incertezza ed un vistoso impaccio (che è anche riluttanza) descriminativo là dove sarebbero richiesti un giudizio più compatto, — notiamo un certo ossequio all'esigenza di una ideologia portante che Ottieri, scrivendo appunto un romanzo ambientato nel mondo della fabbrica, non poteva non avvertire come obbligo ad un tempo morale e formale. Sono da spiegarsi in questo modo le situazioni narrative, tutt'altro che rare, in cui lo scontro fra due gruppi — quello padronale e quello operaio — si articola secondo gli schemi più tradizio-

---

[7] Ivi, p. 232.

nali della dialettica di classe. È in questa luce che occorre valutare in *Tempi Stretti*, come del resto in molti romanzi a sfondo industriale-populista, la visione tanto vera quanto stereotipa della fabbrica come luogo di insidie, dove oltre all'esistenza fisica anche quella umana dell'operaio vengono quotidianamente messe a repentaglio. Aggiungiamo subito che in *Tempi Stretti* il pericolo ambientale (per esempio la possibilità di infortunarsi) è dipeso non già dall'assetto meccanico del lavoro industriale, ma implicitamente dall'uso spietato che ne farebbe la classe padronale, intenta esclusivamente a garantirsi, incalzando gli operai a ritmi di rendimento sempre più vertiginosi, profitti sempre più cospicui. Particolare risalto in questo senso ha il motivo del rumore assordante delle macchine, che nella narrativa di fabbrica costituisce un *topos* vero e proprio, il quale annulla per così dire il rumore dell'uomo — che è appunto la sua capacità di esprimersi verbalmente — arrivando in certi casi perfino ad intormentire il meccanismo dello stesso pensiero:

> . . . Così seduta passava la sua giornata. Intorno la officina rombava col suo rumore compatto, su cui il tum tum di una grande pressa lontana batteva come un passo cadenzato, come un cuore affannato. Una pressa leggera si inseriva con un tan tan più acuto e frequente. Nei primi tempi Emma fu eccitata dal rumore; poi intontita; alla fine vi fece l'abitudine, diventando un po' sorda, di orecchie, di corpo e di anima. Aveva assorbito il rumore come una spugna piena.[8]

Ed insieme all'abitudine, all'assuefazione dell'operaio al lavoro, ne avviene anche l'isolamento:

> Emma lavorava in fabbrica, in mezzo agli altri, come da sola. Non le nascevano amicizie intorno. Dentro la sua officina il rumore le impediva di parlare, almeno che non strillasse.[9]

Contrariamente a quanto succede in *Donnarumma all'assalto*, in *Tempi Stretti* l'industria viene presentata in tutti i suoi lati negativi, come un vero e proprio luogo di perdizione dove chi vi entra finisce per sacrificarvi tutto quello che prima aveva di buono, di vivo, di umano. Se nel suo romanzo-diario Ottieri può arrivare ad asserire che in fabbrica gli uomini migliorano, in *Tempi Stretti* si hanno conclusioni diametralmente opposte. Così almeno sembra potersi inferire da quanto succede alla protagonista, Emma, una volta lasciata la sua provincia e venuta a contatto con la grande metropoli industriale.

Anche se scialba e troppo sfumata come del resto quasi tutte le figure

---

[8] Ivi, pp. 30-31.
[9] Ivi, p. 30.

di Ottieri, Emma è un personaggio importante nella misura in cui rappresenta una precisa categoria sociale, che, per la sua ubicazione provinciale come per la sua economia essenzialmente di tipo agricolo, sembrerebbe immune dagli effetti deteriori dell'industria. Ma ovviamente così non è, in quanto il tentacolarismo industriale, avendo da tempo distrutto i presupposti di un'economia agraria allo stesso tempo che ha travolto i ritmi vitali meno assillanti che vi si accompagnavano, si insinua negli anfratti più tradizionali di una società, destandovi nuove inquietudini insieme alle nuove esigenze di vita che esso impone. Il motivo per cui Emma lascia la sua provincia per venire a Milano è principalmente d'ordine economico, giacché con la sua assenza risolve due aspetti di quello che in fondo è il medesimo problema: toglie un peso economico alla propria famiglia, la quale potrà poi beneficiare delle sue rimesse. Nel suo piccolo, infatti, la condizione di Emma — che è quella di chi deve emigrare dal proprio ambiente originario per 'cercare fortuna' nelle grandi città industriali — oltre ad essere rappresentiva di tutto un movimento di masse umane dalle zone di sottosviluppo verso le mecche del lavoro e del benessere, costituisce anche una delle matrici più fertili di una forza lavorativa senza la quale il capitalismo industriale occidentale non avrebbe mai raggiunto le dimensioni che oggi conosciamo. Sul piano più strettamente narrativo, è grazie alla povera figura di Emma, inoltre, che l'autore riesce a dare un più ampio ed articolato sviluppo a due temi che il suo romanzo pone in modo assai evidente: la sopraffazione dell'individuo schiacciato dall'implacabile ed antiumano ritmo della produzione industriale, e il lento ma progressivo sfaldamento che subisce l'impalcatura morale di chi entra nel mondo della fabbrica. Due aspetti spesso complementari dello stesso fenomeno, il primo viene evidenziato nella maniera che si è visto — registrando cioè il progressivo crollo fisico della operaia brutalmente messa di fronte al ferreo caos della produzione industriale, — mentre è essenzialmente attraverso la meccanica del sentimento che Ottieri disamina, ancorché in modo meno convincente, lo svolgimento del secondo.

Come spesso accade nelle opere di questo scrittore, e *Venditori di Milano* può dirsi particolarmente illustrativo, l'amore si atteggia in maniera decisamente antiromantica, situandosi pertanto in uno dei solchi maestri della letteratura postromantica dove la crudezza del comportamento amoroso-sessuale non è che un inevitabile quanto squallido risvolto dei disvalori germogliati sul tronco del materialismo novecentesco. Infatti, due sono i romanzi (ci sia concesso il breve inciso) che in questo senso fanno testo: *Gli Indifferenti* di Alberto Moravia e *L'amante di Lady Chatterly* di D.H. Lawrence. Nel primo, e qui il riferimento è alla scena del fallito tentativo di seduzione che ha luogo nel giardino di Carla, Moravia in effetti, con processo dissacratorio, corrode il concetto dell'amore idillico, collocandone la sua grottesca caricatura proprio nel luogo che tutta una tradizione dal Medio Evo in poi gli aveva privilegiato: il giardino, nella sua nota accezione-funzione di *locus amoenus*; nel celebre romanzo inglese, invece, assistiamo a un fiabesco quanto esemplare tentativo di recupero del senso-sentimento (che Lawrence vedeva avvilito dall'etica industriale borghese) in termini di un perentorio ritorno a un sano naturalismo connotato nella figura del guardacaccia e del suo rustico ma generoso ambiente. Per quanto visto sotto prospettive diverse, è interessante notare quanta importanza continui a rivestire il luogo fisico che ospita due amanti, demistificato nell'un caso e nuovamente idealizzato (anche se disperatamente) nell'altro, nel suo impiego emblematico volto a denunciare una precisa condizione socio-umana. In Ottieri, come era da aspettarci, l'ormai topico idillio campestre esaspera ulteriormente tutte le più note disarmonie al riguardo, tenendo implicitamente conto degli innumeri diaframmi che l'era industriale avrebbe posto tra l'uomo e il suo immarcescibile bisogno di vivere secondo le esigenze di un'intima idealità umana.

Il *locus amoenus* che ormai i tempi riservano ai protagonisti di questo come anche di altri romanzi di analogo argomento, non ha una dimensione propria, che lo contrasti profondamente dalle strutture sociali predominanti dalle quali si è sempre tradizionalmente differenziato, ma esiste solo in margine alla città industriale, la quale lo sovrasta minacciosa con la sconsolante presenza dei suoi tetri edifici. Della scena in questione, troppo lunga per essere riportata per intero, indichiamo solo qualche tratto descrittivo onde rendere quel senso di sterilità naturale nonché di estrema precarietà umana che ne sono alla base e, su un piano socio-esistenziale più generale, possono dirsi fra i portati più tragicamente pertinenti della civiltà tecnologica. Notte tempo, in una squallida periferia industriale, Giovanni e Emma si amano

> sopra un terreno infido e macchiato, . . . era magari un deposito di immondezze, . . . Accomodarono accanto a loro la borsetta sopra l'erba ispida e smozzicata, . . . non si può sedere fra i magri cespi bitorzoluti e bruciacchiati lungo la strada: un giorno li costruiranno . . . [10]

La scena-paesaggio, che certo non abbisogna di commento tanto è esplicita nella sua essenziale crudezza, registra come una produzione, sotto molti aspetti artificiale qual è appunto quella industriale, si sia sostituita, soffocandola, ad una produttività naturale. In questo senso, almeno, la

---

[10] Ivi, pp. 88-89.

condanna che Ottieri lancia all'indirizzo dell'industria è totale e univoca. Vi è un particolare dell'episodio succitato che è degno di rilievo perché rientra nel quadro più vasto delle ingiustizie — nel senso di sottrazioni all'umanità di beni che le sono naturalmente dovuti — che caratterizza la visione marxista del capitalismo industriale e che qui Ottieri dimostra di far propria. Durante i fuggevoli istanti del loro abbandono fisico accade che un ladro, approfittando della momentanea disattenzione della coppia, ruba la borsa di Emma. Osserviamo che il furto si articola simbolicamente su due piani complementari in quanto il ladro, col portarsi via la carta d'identità contenuta nella borsa, in un certo senso priva Emma della sua identità socio-legale, allo stesso modo che l'industria neocapitalistica, nel costringere la donna a ritmi e condizioni di lavoro che le consentono poco spazio in cui arricchire di altre esperienze la propria persona, può dirsi derubarle (in quanto ne diminuisce le possibili disponibilità) la sua maggiore identità umana.

In questa luce delle sottrazioni violente ed innaturali che la società industriale perpetra a danno di tutti, ma precipuamente dell'operaio, è da vedersi anche il suicidio dell'operaio Ambrosini; che, inoltre, dati il modo e il momento in cui si attua, vuol essere ancora una prova dell'annichilimento dell'uomo come del suo totale asservimento all'etica meccanico-industriale. Il giorno del progettato suicidio Ambrosini viene al lavoro come sempre; così forte è in lui l'abitudine, oppure il senso del dovere che lo lega a un inflessibile schema cronologico, che anche la morte (che in questo caso è la sua liberazione) dovrà aspettare il suo turno. Indicativa della trasformazione mentale che l'uomo subisce in seguito a un prolungato contatto con il mondo industriale è la maniera stessa in cui il personaggio si sopprime: buttandosi sotto un treno, egli si lascia annullare da una macchina (ammettendone così implicitamente la superiorità) che, come quella che in vita lo ha privato della sua più piena libertà umana, ora lo distrugge affatto. La fagocitazione di quest'operaio da parte di una locomotiva, simbolo della forza meccanica nella sua più spaventosa intensità, è del resto in perfetta armonia con le varie personificazioni che in sede narrativa le macchine sono solite assumere, e che è merito di Ottieri d'aver saputo interpretare con sensibilità e dovizia di esempi. In *Tempi Stretti* tutta l'organizzazione industriale è vista come un mostro vorace, il cui insaziabile appetito si rivela anche attraverso la velocità del cottimo, che costringe gli operai ad accelerare sempre più il loro ritmo di produzione. Ogni cosa ha il suo prezzo, ogni medaglia il suo rovescio. Così la meccanizzazione, che sotto tanti profili ha reso meno ardua la fatica umana, impone nondimeno il suo tributo, trasformando quello che doveva essere un rapporto di comodità e di utilità umane in uno di pura necessità fisico-economica. Illudendosi di essere lui a dominare la macchina, piegandone ai suoi scopi l'illimitata potenza, in realtà è l'uomo — diventato schiavo della mentalità e del sistema socio-economico che la macchina ha instaurato — ad esserne dominato. Perciò come per morire Ambrosini ha dovuto scegliere un mezzo meccanico, così per divertirsi l'uomo contemporaneo, come gli operai che Giovanni e Emma osservano variamente impegnati nei loro passatempi domenicali, non può che scegliere oggetti meccanici:

> gente che approfittava della giornata non ancora buia per passeggiare e assistere alle evoluzioni di un minuscolo aeroplano da turismo sul prato. Automobili e scooters sostavano lungo la strada. Irruppe da nord un gruppo di ciclisti colorati in allenamento. Ferveva il breve pomeriggio della domenica settentrionale e civile, piena di congegni per divertirsi.[11]

La scena però è statica, nonstante l'autore cerchi di imprimervi un senso di movimento frenetico quanto assurdo, perché in fondo è così che Ottieri la vede e la sente. In un circuito chiuso e senza possibilità di vere uscite, perfino le azioni in apparenza più dinamiche non sono che segni sconsolanti, per chi li sa interpretare, della illusorietà dei nostri sforzi caparbiamente tesi verso nuove e più generose esperienze di vita nonché della reale monotonia della esistenza moderna. Tutta la vita dell'operaio, e per estensione di tutti noi, dal suo lavoro in fabbrica ai suoi divertimenti domenicali, e, in casi limiti anche la morte, non può prescindere dagli oggetti offerti dall'industria. Se la vita all'interno della fabbrica viene consumata nella produzione di cose meccaniche, quella all'esterno della fabbrica vede l'operaio consumato a sua volta dai prodotti, dai "congegni", che in collaborazione con la macchina egli ha creato. È un giro vizioso e paradossale da cui nemmeno con la morte, come attesta il suicidio di Ambrosini, è possibile uscire completamente. Incerta quando spesso non addirittura ambigua, la pagina ottieriana acquista nondimeno una sua precisa ed indiscutibile validità in quei momenti (e non sono pochi) allorché con voce chiara e senza incrinature l'autore denuncia lo stato di avvilimento morale e di schiacciamento fisico cui, nella sua visione del fenomeno, la fabbrica condanna l'operaio.

In *Tempi Stretti* l'amore che nasce tra Giovanni e Emma risente di tutte le più note contingenze della vita moderna; e per quello che riguarda in particolar modo il protagonista avviene all'insegna di una quasi totale passività, condizionato più da un senso di tedio nonché da una troppo ovvia disponibilità che da una spontanea scelta dettata da un reale sentimento. Convivendo nella stessa casa, dove entrambi sono pigionanti, e

[11] Ivi, p. 108.

trascorrendovi le stesse ore morte della giornata, Giovanni letteralmente ha solo da allungare la mano per cogliere un frutto maturatogli nel sofferto silenzio del piccolo mondo dove Emma, sola e come emarginata dai suoi familiari, gli si attacca con tutta la disperata forza di chi ha abbandonato quasi ogni speranza di poter inverare con un'altra persona i sogni di un amore luminoso e unico. Il sentimento di Emma, in questa congiuntura emotiva, passa attraverso due fasi: nella prima, vedendosi abbandonata da Giovanni cui si era data con un trasporto totale quanto per lei inedito, essa si comporta in maniera abbastanza verosimile, dato soprattutto il suo preciso retroterra culturale, allorché contempla l'eventualità del suicidio; mentre nella seconda, superati i momenti più difficili della sua delusione, fa sua una disinvoltura nei riguardi dell'amore che contrasta vistosamente con il suo comportamento di prima. Questa sorta di liberalizzazione dei suoi costumi avviene in seguito alla sua conoscenza di due sorelle, come lei operaie, le quali in materia delle relazioni del cuore ostentano molta spregiudicatezza:

> Le sorelle si confidavano tra di loro e non si sognavano di nascondere nulla a Emma, abituata alla colpa, al segreto. Questa fu la prima scoperta che giovò a Emma, rendendole frivolo e aperto l'amore, pieno di varie vicende, non più una passione compatta e senza scampo. Esse concepivano l'amore come una cosa unica, ma non da farsi con un uomo unico . . . [12]

Notiamo qui come si inceppa il discorso ottieriano, incapace com'è di procedere, con totale coerenza di significato, per l'intero arco della sua traiettoria semantica. Se esaminiamo con attenzione il valore delle singole parole osserviamo da parte dell'autore i segni di un insolubile conflitto interno. Il brano sopra riportato, infatti, che nel complesso è negativo, esprimendo come fa un giudizio di censura nei confronti di una condotta sentimentale che Ottieri condanna, contiene, collocati sullo stesso piano in un rapporto di improbabile coesistenza, i due poli contrastanti e perciò inconcludenti del problema. L'amore che Emma impara in compagnia delle due sorelle ("frivolo e aperto", "non più una passione compatta e senza scampo") dal punto di vista semantico è chiaramente visto sotto una duplice prospettiva etica, facilmente ravvisabile nell'accostamento, solo a prima vista complementare, delle endiadi. Un amore "frivolo" (agg. negativo), infatti, è altra cosa da un amore "aperto" (agg. positivo), come pure una "passione compatta" è diversa da una passione "senza scampo", che suggerisce un rapporto morbosamente chiuso e soffocante. La perplessità di Ottieri, allorché si trova a dover porre a confronto forme di comportamento riflettenti due diversi quanto opposti tipi di società

[12] Ivi, p. 181.

(quello rurale preindustriale e quello industriale-urbano), deriva dall'esatta valutazione che l'autore ha dei loro rispettivi lati negativi e positivi, e conseguentemente dalla sua difficoltà a superare l'ambiguità che alla sua pagina risulta da una mancata operazione di sintesi e di scelta. A livello artistico, tale ambiguità, come si è cercato di illustrare, si riflette nell'impaccio quando non nell'imprecisione delle sue soluzioni terminologiche, impedendo così a questo scrittore, peraltro intelligente e volenteroso, di darci un quadro maggiormente valido e convincente della condizione operaia. Per dirla con Ottieri stesso, il quale in sede teorica aveva saputo schematizzare assai bene il problema, dobbiamo concludere che egli, della realtà industriale, ci ha dato solo dei "documenti", ma non la loro elaborazione. E da uno scrittore di romanzi è soprattutto quest'ultima che ci si aspetta.

V
L'INDUSTRIA COME ANTI-UMANESIMO

1. Paolo Volponi, *Memoriale*: la follia tra poesia e documento

Un libro che ha goduto di una notevole attenzione critica, in retrospettiva forse in proporzione superiore al suo merito, è *Memoriale* di Paolo Volponi, uno scrittore che, con i suoi romanzi *La macchina mondiale* (1965), *Corporale* (1974) ed ora in particolare con *Il Sipario Ducale* (1975), è progressivamente venuto a conquistarsi, sulla ribalta della narrativa italiana contemporanea, una posizione di ragguardevole rilievo. I limiti del nostro studio non ci consentono accenni alle opere successive al *Memoriale* (Garzanti, 1962), anche perché è soprattutto in questo romanzo — il cui titolo inizia l'enigmatica serie delle desinenze in '-ale' — dove la questione operaia è maggiormente indagata. Premettiamo subito che non si tratta di un libro facile, come attestano i molti e disparati interventi interpretativi che in sede critica ha saputo ispirare. In questa luce, più della sovrapposizione di almeno due livelli linguistici, su cui tanto e anche troppo si è voluto insistere,[1] ciò che sconcerta più di tutto è la figura del protagonista stesso, Albino Saluggia, e come decifrare di quest'ultimo il segno che in maniera più specifica lo caratterizza: la sua nevrosi. Adusati come siamo dalla sociologia, specie di matrice freudiana, a rinvenire in ogni manifestazione della psiche una precisa eziologia ambientale-emotiva, la tentazione di applicare un simile metro d'indagine al Saluggia è difficilmente resistibile. Tanto più che mancherebbe di plausibilità che uno scrittore, senza parlare di uno scrittore scaltrito come il Volponi, desse tanto spazio artistico quanto dialogico a un personaggio nevrotico, senza peraltro volerlo investire di un più vasto significato socio-umano.

Come suggerisce il titolo, *Memoriale* è il racconto, svolto in prima persona, delle esperienze passate e presenti del protagonista, nonché della lotta personale che egli conduce contro l'organizzazione industriale nella quale, all'indomani della sua esperienza di prigionia, è venuto a far parte,

---

[1] Pier Paolo Pasolini, per esempio, di fronte al bizzarro impianto stilistico che l'opera presenta, lo ha paragonato a "due lastre di vetro su una delle quali sarebbe definito un linguaggio autonomo, quello del paranoico, e sull'altra il linguaggio del poeta raffinato Volponi stesso; sovrapponendole si otterrebbe il risultato di una reciproca integrazione . . . " (P.P. Pasolini, "Paese Sera", 13 aprile 1962).

e che avrebbe come scopo, secondo lo persuadono la sua troppo accesa fantasia quanto la sua paranoia vittimistica, la sua lenta ma inesorabile rovina.[2] Due periodi nella vita del Saluggia, come è stato illuminato da Gian Carlo Ferretti nella sua breve ma assai esauriente silloge di critica volponiana prima del *Corporale*, sono particolarmente importanti per valutare appieno le turbe mentali di cui soffre: prima la sua esperienza militare, compreso e in special modo il periodo di prigionia, e poi il suo ingresso nella grande industria.[3] Poiché non costituisce mistero che tra guerra e industria esistono livelli di rapporto multipli, e che per di più ad ogni attività novecentesca è sottintesa, almeno nel senso di organizzazione, la macchina (si vedano termini come *macchina politica, macchina bellica*, ecc.), le distorisioni psichiche rivelate dai gesti e complessi del Saluggia possono benissimo leggersi come altrettanti riflessi delle molteplici coercizioni implicite in ogni tipo di organizzazione, vuoi militare vuoi industriale. Entrambi, convien notare, esigono da parte dell'individuo una precisa serie di rinunce, precipua fra le quali essendo il sacrificio di ogni ulteriore ampliamento dei propri valori umani. Ammettendo anche che la perdita dei valori suddetti non avvenga in maniera esplicita, coscientemente programmata, ne è pur sempre una conseguenza inevitabile dato il carattere totalizzante delle sfere di attività in questione, dal momento che fare il soldato o fare l'operaio richiede una partecipazione quasi assoluta, e comporta quindi di necessità l'esclusione dell'uomo da ogni altro ambito di operazione. Con una tale compartimentalizzazione siamo, a guardar bene, all'estremo polo opposto dall'ideale umanistico che, oltre ad essere alla base di ogni valida ideologia volta al miglioramento della condizione umana, s'impernia su una visione pluridimensionale (non-specialistica) della vita stessa. Che tale concetto rientri nella più diffusa tematica del *Memoriale* non pare dubbio; tuttavia, ciò che può essere lamentato è che il Volponi non abbia messo sufficientemente in evidenza il rapporto di diretta causalità tra organizzazione moderna (specie nelle sue duplici e massime espressioni sopra alluse) e la nevrosi del suo personaggio, la quale — nei termini almeno in cui l'autore

---

[2] Fra i vari critici che hanno tentato di spiegare l'atteggiamento del Saluggia, particolarmente convincente è il Manacorda: "Noi abbiamo visto finora due modi diversi di rapportarsi con la fabbrica: o subirla sino a desiderarla masochisticamente come *topos* della propria attuazione-annullamento, o ribellarsi sino a condannarsi all'impotenza della solitudine e del gesto anarchico. L'Albino Saluggia del *Memoriale* realizza il proprio dramma di follia paranoica sommando questi due tipi di rapporti, nel suo patetico *odi et amo*, reso ancora più ambiguo e struggente dal fatto che egli è, nel fondo della protesta, dalla parte della ragione, ma è anche un pazzo a cui la ragione non può essere riconosciuta." (G. Manacorda, *Storia della letteratura italiana contemporanea*, cit., p. 364).
[3] G.C. Ferretti, *Paolo Volponi*, La Nuova Italia (ne "Il Castoro"), Firenze 1972, pp. 33-34.

ce la presenta — francamente ci sembra di tutt'altra origine.

Mosso da un sentimento di sfida nei riguardi dei presunti autori dei suoi mali, a volte il personaggio si rifiuta di presentarsi alle varie visite mediche ordinategli dalla direzione sanitaria, convinto ormai che i responsi non potranno mai essere obiettivi; oppure, con un repentino dietro-front tipico dei nevrotici, trascorre lunghi ed assidui periodi di cura con la speranza di poter riconquistare la salute. Ma immancabilmente, allorché, credendosi completamente guarito, si ripresenta dal dottor Tortora, che fra l'altro considera il suo principale carnefice, è solo per sentirsi ripetere che pur essendo quasi guarito, alla completa guarigione manca ancora un po' di tempo. Nell'incubo, in certa misura voluto, in cui si è ormai trasformata la sua vita, il Saluggia lotta impotente contro un male di cui non sarà mai vincitore e che alla fine finirà per sopraffarlo. È proprio intorno all'atteggiamento psicologico del protagonista, che si ritiene vittima di tutta una congiura da parte dell'ambiente industriale, che s'imbastisce il tessuto narrativo dell'opera.

Occorre rilevare che l'ingresso del Saluggia nel mondo della fabbrica non fa che acuire ancora di più i disturbi psichici di cui ha sempre sofferto, calandolo in un ambiente già di per sé difficile e pertanto richiedente una robustezza fisico-morale che egli in definitiva non possiede. Per questo, il Saluggia, una volta preso contatto con l'industria, che non è in grado di valutare obiettivamente, distorce le impressioni che ne riceve in base alla sua solita visione della realtà; una visione da lungo tempo viziata dall'abitudine di rifuggire da una più matura valutazione delle circostanze e degli oggetti che di volta in volta formano il suo contorno esperienzale. Su un versante più rigorosamente clinico, la sua mania di persecuzione, che in realtà è il risvolto attivo del suo senso di insufficienza e d'inferiorità, fa sì che egli si crei tutta una serie di ostacoli ed avversari anche là dove non esistono affatto. Fra questi, l'esempio del dottore di fabbrica è particolarmente sintomatico:

> Così cominciò il dolce interrogatorio del dottor Tortora; colui che si mostrava l'uomo più premuroso del mondo e che sarebbe stato, dopo non molto tempo, uno dei miei carnefici. Allora mi lasciò capire che avrebbe consentito la mia assunzione soprattutto per i gravi torti che io avevo sempre subito e per permettermi di ricominciare; così che mi sembrò inviato dalla Provvidenza a riparare tutte le ingiustizie che avevo fino allora subito, con il suo lungo camice immacolato, la camicia celeste fuori dai polsi e dal bavero, la cravatta a fiori. Nel taschino del camice teneva un guanto di gomma, il grande e bello dottor Tortora, l'amore di tutte le infermiere e di molte malate.[4]

---

[4] Paolo Volponi, *Memoriale*, Garzanti, Milano 1962, pp. 45-46.

In verità, com'è facile intuire, il dottore non fa niente per venir meno a questa iniziale manifestazione di gentilezza, ammesso pure che possa trattarsi di una gentilezza puramente di circostanza imposta da ragioni di un più perfetto produttivismo industriale, mentre il protagonista, incapace come sempre d'inquadrare la mansione del sanitario nella sua giusta dimensione, ne subisce in senso negativo ogni contatto. Così quando, sempre per motivi medici, deve sospendere il lavoro per trascorrere dei periodi di necessaria cura, egli lo interpreta come un tentativo da parte dell'industria di fargli credere di avere una malattia che in realtà non ha. La malattia, invece, esiste veramente, sebbene diventata quasi incurabile per l'irregolarità della vita condotta, e soprattutto per l'inconscio desiderio che il Saluggia ha di non guarire. Come ha giustamente puntualizzato Vanna Gazzola, guarire significherebbe abbandonare un prezioso modo di essere vittima, e di conseguenza perdere la compassione e protezione altrui.[5]

Se non fosse per il suo squilibrio psichico, il Saluggia potrebbe dirsi un tipico rappresentante della classe operaia d'origine contadina, il quale, per soddisfare le esigenze della vita resa più complessa dal *progresso tecnologico*, è costretto ad abbandonare la campagna e ad integrarsi in ambienti urbano-industriali. Il discorso che il personaggio fa sulla sua posizione socio-politica, per esempio, causa l'elementarietà del linguaggio e la facile schematicità dei concetti, può dirsi rivelatore di una formazione chiaramente *parrocchiale*, che è indubbiamente uno dei connotati più spiccati del Saluggia:

> Io ho sempre votato per la Democrazia Cristiana, per rispetto della Chiesa, che non mi aveva mai abbandonato nemmeno in prigionia . . . Non credevo agli uomini della mia condizione, o ancora peggiore, che si davano le arie negli altri partiti. Pensavo che l'uomo dovesse acquistare autorità, migliorando serenamente e cancellando i propri mali contro l'avversità dei maligni con le buone ragioni e la virtù; altrimenti i paesi si riducono come la Germania, che ci tenne prigionieri uccidendoci a milioni, o come la Russia che aveva i soldati più ignoranti e le terre senza strade.[6]

L'aspetto più singolare di questa testimonianza, inoltre, e qui siamo forse

---

[5] Nelle parole della critica: "Davanti alla progressiva sottrazione di umanità, la reazione nevrotica di Saluggia viene ad assumere il valore di una protesta umana: in quell'ambiente disumano la malattia appare come l'unico possesso inalienabile, e come tale egli lo difende. È in questo modo che s'integrano a vicenda il personaggio paranoico e quello umano; e attraverso di lui si giunge a toccare la realtà oggettiva: sull'ambiguità di origine nevrotica che non gli fa né accettare né rifiutare la madre, si viene ad appoggiare l'altra ambiguità: quella di non poter né accettare né rifiutare la fabbrica." (cfr. Vanna Gazzola, "Il Contemporaneo", Anno V, n. 48, maggio 1962, pp. 126-127).

[6] P. Volponi, *Memoriale*, cit., pp. 9-10.

alle ragioni (almeno tecniche) del titolo, è la maniera in cui essa ricalca, senza il minimo scarto tonale, testimonianze operaie analoghe quali è dato leggere in interviste, documentari settoriali, ecc. Nel caso specifico, pensiamo in particolare a *Operai del Nord* di Edio Vallini (Laterza, 1957), libro consistente in una serie di interviste fatte a operai appartenenti a vari centri industriali settentrionali. Le parole del Saluggia potrebbero benissimo confondersi — sotto tutti i punti di verifica — con quelle pronunciate dagli operai intervistati dal Vallini; allo stesso tempo che contrastano così vistosamente con quelle altre parti del romanzo dove il pensiero del protagonista si inerpica su per i tortuosi sentieri della sua fantasia. Perché, ci si può chiedere, il Volponi avrà voluto dare al suo personaggio una duplice ed in fondo contraddittoria personalità? Qualsiasi risposta ovviamente non può che essere una congettura, e come tale suggeriamo di leggere i due momenti dell'espressività del Saluggia non già come la risultante sovrapposizione di due personalità autonome (quella del personaggio e quella dell'autore), ma piuttosto come le due facce di una medesima ancorché scissa personalità. In altre parole, con Albino Saluggia l'autore è possibile ci abbia voluto dare un esempio pratico, sviluppato fin nelle sue estreme conclusioni (che in questo caso ovviamente trattasi di non-conclusioni), di una delle affezioni più caratteristiche dell'epoca moderna: la schizofrenia. Agevolmente spiegabili in termini psicanalitici, i *mali* del Saluggia fanno scattare in lui il noto meccanismo dell'autodifesa (paranoia), allo stesso tempo che gli fanno estrinsecare tendenze sadomasochistiche assai sviluppate, inducendolo a desiderare i propri mali e perciò a fare di tutto per ritardarne la cura. Sul piano emotivo-sessuale, il protagonista si rivela affetto da un complesso edipico risolventesi in un sentimento di amore-odio verso la madre, scatenando a sua volta tutta una gamma di disponibilità erotiche che vanno dall'omosessualità latente da una parte al voyeurismo eterosessuale dall'altra. Sulla confusa direzionalità sessuale del Saluggia, inoltre, che condiziona anche il suo atteggiamento di fronte al dottor Tortora, si sovrappongono i segni più sconcertanti di un infantile misticismo cattolico che non di rado conosce dei bizzarri risvolti misantropici. È la sua misantropia, infatti, a spiegare i moti più riposti della sua disturbata psiche, nonché il suo desiderio di solitudine. La sera, per esempio, quando esce dal lavoro, invece di ritornare al suo paese insieme agli altri operai, preferisce andare al cinema onde poter prendere un treno più tardi perché meno affollato. Similmente, è contento di essere solo allorché, in fabbrica, inizia il suo lavoro alla fresatrice:

> Il giorno in cui cominciai a lavorare da solo alla fresatrice, più del padrone, odiavo tutti i compagni. Speravo che le loro macchine si inceppassero e

tagliassero malamente i pezzi. Questo odio mi aiutava a lavorare e mi dava l'ambizione di riuscire a fare meglio degli altri.[7]

Stimolato non da un sano principio di fraterna collaborazione, bensì da sentimenti di egoismo e invidia, il personaggio tende ad imperniare la propria autodistinzione sull'avvilimento della opera altrui. Così, quando altri operai architettano uno sciopero, egli si erge, sia pur solo nella sua fantasia, a difensore della fabbrica:

> La loro parola d'ordine era 'scioperare', usata proprio per aumentare l'inganno. Io impugnavo la mitragliatrice. Eccone due alle porte. Facevo fuoco. Le mie labbra misuravano la mitraglia.
> 'Sciopero', una breve raffica. Uno portò le mani sul fianco e l'altro si piegò a sinistra. Subito altri tre, più due, più uno. A scaglioni, per ingannarmi. 'Scioperare . . . scioperare': una raffica dietro l'altra . . .
> Sparavo su interi gruppi che cercavano di ripararsi in tutti i modi. Lo spiazzo davanti alle porte era sempre pulito perché il sole divorava i morti man mano che cadevano sotto la mia mitraglia. Uccidevo tutti quelli che tentavano di uscire e la mia ansia era implacabile come quella del sole che divorava tutti i cadaveri. Potevo bruciarli, annientarli come se davvero le mie mani avvicinassero il sole. All'uscita di mezzogiorno tirai addirittura delle bombe e ognuno che schizzava via sulla motocicletta era come un brano lacerato dall'esplosione.[8]

In questa manifestazione psichica di violenza e sadismo repressi è dato cogliere una delle facce più vere di questo uomo, le cui azioni, più che situarsi in una prospettiva di parte o di partito (padroni o operai), sono il riflesso di una mente che ancora non ha raggiunto né raggiungerà mai la sua piena maturità. Dal passo sopra riportato risulta inequivocabile la dimensione infantile del personaggio, il quale, proprio in quanto incapace di inserirsi fattivamente in qualsiasi ambiente sociale, è costretto ad articolare sul piano di una sensibilità cine-fumettistica, tutta interiorizzata s'intende, i suoi sogni di autorità, di forza e di gloria. Sintomatica della sua profonda alienazione è la chiara tendenza da parte del Saluggia a volersi identificare con simboli di potere assoluto, incontrastabile, quale il sole con i suoi alterni attributi di consumazione e di purificazione ("potevo bruciarli, annientarli come se davvero le mie mani avvicinassero il sole"), alla quale si affianca parallela la sua ribellione contro il dottore di fabbrica che sottintende un esasperato senso di gelosia-invidia per ogni figura d'autorità.

L'indole antisociale del protagonista, inoltre, si situa assai bene nella solita contrapposizione tra città e campagna, sebbene sotto un profilo

---

[7] Ivi, p. 60.
[8] Ivi, p. 300.

distorto e falsato al massimo. La campagna, il piccolo paese e la sua casetta con dentro la vecchia madre che lo attende ogni sera, il lago di Candia e i tetti delle case che lo incorniciano, non sono che un rifugio dove il Saluggia riesce a stabilire, anche se solo provvisoriamente, un certo equilibrio psichico. Città e campagna sono in realtà contrapposte solo fisicamente, l'una come luogo di solitaria pace, l'altra di rumore e confusione. La campagna non offre una valida risposta esistenziale ai suoi tormenti, e questo anche perché Volponi rifiuta aprioristicamente il mito semplicistico di un'arcadia anti-industriale. Essa ha un po' lo stesso valore del fienile dove il personaggio si nasconde per conversare con "l'indiano" e lo "scarpone" (macchie di umido sul muro che con l'andar del tempo hanno acquistato delle strane forme che egli, sin da piccolo, ha qualificato in tal modo), i quali, a seconda dei loro vari mutamenti di tonalità e di dimensione, gli consigliano, come oracoli, quale condotta adottare nelle varie situazioni che deve affrontare. Il bisogno di affidare le proprie scelte a dei segni così inconsistenti, che egli per di più investe di poteri divinatori, costituisce ancora una spia della sua fondamentale immaturità. Pertanto, le ragioni della sua paranoia come di tutte le altre manifestazioni di quest'uomo, data la mancanza di un suo sviluppo pieno e normale, sono oltre tutto da ricercarsi appunto nel suo imperfetto sviluppo psico-etico. Opportuna ci sembra, in questo senso, la cautela che suggerisce Michel David quando scrive: "Non so se il lettore concluderà, seguendo una didascalia di Volponi, per una predominanza dei fattori socio-economici nella eziologia di questa paranoia di un contadino-operaio . . . "[9] Ricordiamo a questo punto che vi sono critici, come per esempio Gian Carlo Ferretti, che preferiscono vedere nelle manifestazioni di Albino Saluggia una puntuale verifica delle più tipiche lacerazioni psicologiche che l'uomo subisce una volta varcata la soglia dell'industria neocapitalistica. Non è che dissentiamo da una simile lettura del *Memoriale*; anzi allo studio del Ferretti rimandiamo volentieri per un'acuta analisi di alcuni problemi che, indubbiamente posti dal testo volponiano, esulano però dallo schema interpretativo che nel nostro esame del romanzo abbiamo preferito seguire. Occorre chiarire, tuttavia, che ci risulta estremamente ostico accostare, in un rapporto di eguale plausibilità, il diffuso contenuto denunciatorio presente nel libro al bizzarro comportamentalismo del personaggio. Conforme, perciò, a una tale premessa, la valutazione che diamo del *Memoriale* tende soprattutto a evidenziare l'origine ambientale-originaria delle turbe del protagonista; ambiente, giova tener presente, che quasi in nessun modo è stato segnato dall'industria, e che

---

[9] Michel David, *Psicoanalisi nella cultura italiana*, Boringhieri, Torino 1966.

quindi non può aver risentito dell'opera deformante esercitata da quest'ultima. Difficile, a meno che non ci si accontenti di approssimazioni, avvalorare la visione che della realtà può darci un personaggio come il Saluggia, sebbene una tale visione, secondo asserisce lo stesso Volponi, fino a un certo segno possa anche consentire "una capacità di interpretazione della realtà più dolente, ma più acuta."[10] Per cui, se è vero che la sua "malattia è il simbolo dell'incapacità di un uomo a vivere come uomo sano dentro la fabbrica",[11] è altrettanto vero che il Saluggia è incapace di vivere, da persona sana, in qualsiasi tipo di ambiente sociale.

Centrale alle considerazioni che il romanzo sembrerebbe voler avanzare sul rapporto uomo-industria è il ragionamento che il Saluggia, riflettendo sulle sue esperienze di fabbrica, fa sull'industria e conseguentemente sull'impatto che essa avrebbe avuto sulla società tutta:

> Adesso posso dire che a forza di pensare a me e alla fabbrica ho fatto molte riflessioni che mi sembrano giuste, anche per tutti gli altri che lavorano con me. Solo ora capisco che i problemi della paga oraria, del cottimo, del posto qui o là, contano relativamente poco e non sono quelli che dispongono della nostra vita nella fabbrica. L'importante è che le fabbriche, così come sono fatte oggi, annullano piano piano per tutti quelli che vi sono il sentimento di essere su questa terra, da solo e insieme agli altri e a tutte le cose della terra. Così si dimentica qual è il destino degli uomini e subentra un orgoglio sempre più profondo per l'organizzazione nella quale si è, per le macchine e per tutto l'ingranaggio che riesce a fare cose mai viste e pensate da un uomo. Addirittura ci si può spingere a pensare, con una certa convinzione, che gli uomini possono arrivare ad essere diversi persino nelle loro storie e nei loro sentimenti e ad avere conseguenze diverse da quelle di accontentarsi di vivere bene, tutti insieme e liberi. Ci si può spingere a pensare a un uomo non più fatto a somiglianza di Dio, nella sua terra; ma più somigliante e legato alle macchine, addirittura a una razza diversa. Posso io dire, a questo punto, dopo aver tentato tante strade all'interno e fuori della fabbrica, dopo tanti dolorosi fallimenti, che il problema è quello dell'industria in generale, tutta, dalle sue città e quartieri ai treni e ai pullman che la servono, alle sue fotografie sui giornali, ai suoi operai, tanti come un esercito, come il mio lago, che batte la testa sempre sulla stessa sponda. Tutta l'industria, cioè, deve essere controllata, o invece di essere un mezzo per stare bene su questa terra, potrà essere il fine di starci male o il mezzo di uscirne.[12]

---

[10] Cfr. il cit. studio di G.C. Ferretti, p. 29, ed in part. a p. 74 per una bibliografia delle interviste rilasciate dal Volponi.
[11] Claudio Varese, *Occasioni e valori della letteratura contemporanea*, Cappelli Editore, Rocca San Casciano 1967, p. 487.
[12] P. Volponi, *Memoriale*, cit., pp. 176-177.

Il senso di questo monologo diventa chiaro (perché altrimenti non lo sarebbe) allorché ci rendiamo conto del suo intimo sostrato autobiografico, quale è dato appurare accostandolo a delle esplicite testimonianze contenute in varie interviste concesse dal Volponi riguardanti sia il suo impegno narrativo che la sua valutazione del fenomeno industriale. Giustamente, infatti, commentando questo ed altri brani appartenenti alla parte finale del romanzo, nei quali cogliamo apprezzamenti particolarmente approfonditi sulla condizione operaio-industriale, Gian Carlo Ferretti ammette che vi "si può avvertire più che altrove quella tendenza dello scrittore ad intervenire nel personaggio dall'esterno, con intrusioni di elementi didascalico-polemici e con amplificazioni sociologiche", ascrivendo la cosa "alle conseguenze inevitabili di un romanzo molto *costruito*."[13] Illustrativa della posizione volponiana nei riguardi dell'industria, con la quale, è noto, l'urbinate ha avuto rapporti diretti che risalgono al 1950, è la seguente dichiarazione che è del 1972:

> Quello che soprattutto conta, è la necessità di una attenzione critica nei confronti dell'industria. In generale, specialmente in Italia, essa viene rifiutata in partenza e resa sconosciuta. Molti intellettuali hanno a questo proposito un atteggiamento preconcetto di rifiuto, che è antistorico. Anche i politici capiscono poco l'industria. È chiaro, allora, che in queste condizioni l'industria prolifera per conto suo, senza rendersi conto dei suoi difetti. Mentre, al contrario, l'industria va corretta, va guidata attraverso un certo tipo di programmazione politica. [. . .] Occorre invece valutare con attenzione la sua tendenza universalistica e la sua crescente egemonia su tutte le altre creature, il porsi come cultura unica e mondiale ed anche rivoluzionaria, continuamente attiva, tanto che al suo confronto le altre appaiono vecchie e ancora poco sviluppate. Il pericolo vero è quindi nella sua "cattolicità" etnocentrica [. . .] che vuole attrarre nella propria orbita e poi colonizzare tutte le culture di tipo diverso, senza preoccuparsi se questo avvenga attraverso la strategia leninista. [. . .] Questo complesso egemonico che si sviluppa prepotentemente autoalimentandosi [. . .] è il vero bersaglio, o quello più probabile, per una critica alla cosiddetta civiltà industriale, e non quello di rifiutarla o di condannarla brutalmente come fabbrica o come consumo: e verso questo bersaglio è secondo me diretto il significato dei lamenti e delle speranze di Saluggia . . .[14]

Ciò che accomuna queste due riflessioni sulla fabbrica — quella del personaggio e quella dell'autore — è innanzi tutto l'angolatura da cui la si guarda; che è esattamente la stessa nella misura in cui tradisce una preoccupazione chiaramente *umanistica* (trattasi però di un umanesimo progressista e non conservatore) nei confronti del potere e della "ten-

---

[13] G.C. Ferretti, *Paolo Volponi*, cit., p. 40.
[14] Ivi, pp. 6-7.

denza universalistica" dell'industria. Una preoccupazione, perciò, che difficilmente sarebbe avvertita da un operaio (quale, stando almeno alla finzione romanzesca, vorrebbe essere il Saluggia), che in un'organizzazione siffatta non tarderebbe a rinvenire una situazione di indiscutibile vantaggio. Esaminate con attenzione, infatti, le osservazioni del Saluggia, riferite come sembrano alla condizione operaia e perciò anche alla sua, costituiscono tra l'altro una smentita tutto sommato assai esplicita dell'alienazione proprio in senso marxista. Nelle parole del protagonista si arriva addirittura a rimproverare l'operaio di sentirsi un essere superiore causa l'organizzazione sempre più potente e perfetta di cui fa parte. Dal punto di vista dell'ideologia marxista, almeno riguardo al rapporto operaio-lavoro-industria, ciò che il Saluggia lamenta non può che rappresentare il raggiungimento di un ideale di vita-lavoro lungamente vagheggiato; un ideale secondo cui l'operaio sarebbe talmente compenetrato nell'industria da non avvertire il minimo divorzio tra sé e il suo lavoro, né un senso di estraniamento (alienazione) di fronte agli oggetti che egli produce. Semmai, l'apprensione, più del personaggio è del narratore, il quale guarda con comprensibile diffidenza, e più tardi con orrore, ad ogni tipo di operazione che, magnificando un'attività settoriale, divorzia l'uomo dal più vasto contesto umano cui, per salvarsi, deve per forza essere sempre e fattivamente legato. Pensiamo sia questa la teoria portante del discorso volponiano, la quale, come si vede chiaramente nella seguente dichiarazione dell'autore, può dirsi non aver conosciuto flessioni da quando è stato scritto *Memoriale* a tutt'oggi:

> Certo, l'industria ha una sua logica, e questa logica non deve prevalere, essere totalizzante. Deve invece muoversi all'interno di un prioritario disegno civile che sta ai politici, alla cultura, al dibattito nazionale organizzare. Guai se brutalizzasse ogni altro giuoco sociale: l'industria va guidata...[15]

La figura narrativa del Saluggia, ci si può domandare, fino a che punto veicola con percettibile coerenza questo pensiero fondamentale dell'autore? A nostro avviso, è proprio il dilemma che tale domanda immancabilmente crea ad illuminare la maggiore debolezza del libro: quella cioè di avere come protagonista un personaggio così distaccato dalla realtà, così psichicamente inafferrabile, in fondo così inverosimile, da non potersi fare interprete delle più valide premesse che lo sottintendono.

---

[15] Parte di un'intervista fatta a Volponi da Pier Francesco Listri e apparsa su "La Nazione", 2 agosto 1975.

2. Giancarlo Buzzi, *Il Senatore*: la fabbrica tra perfezione ed impersonalità

Ne *Il Senatore* di Giancarlo Buzzi (1968), il tema della disumanizzazione dei rapporti umani, per dar vita a una nuova *umanità* — quella tecnologico-industriale — ha la sua espressione più piena nella figura del Senatore stesso. Ritornato in fabbrica in forma di fantasma con il pretesto di seguire da vicino le attività direzionali del figlio, successore e attuale padrone del complesso aziendale in questione, in un momento di assoluto quanto sconcertante candore l'ex-patriarca dichiara:

> "Mi sarei aspettato di seguire sempre da vicino la vita di questa mia creatura, ma qualche volta non ho potuto . . . Non si può sempre fare quel che si vuole. La nostra condizione purtroppo è legata, è vincolata da certe inibizioni . . ."

E al moto di curiosità che una tale affermazione suscita presso il suo interlocutore, il protagonista ("quale creatura, scusi?"), con tono infastidito il Senatore gli risponde:

> "Suvvia, . . . che creatura vuol che sia, se non questa, . . . Questa che le dà il pane, . . . questa che le dà il pane e a quel che pare una certa dignità e un certo rango, giovane presuntuoso e scriteriato . . ."[16]

Il Senatore, fondatore della fabbrica, si fa vivo agli occhi del Masi (il protagonista) solo dopo morto: la morte soltanto, sembra voler inferire l'autore, renderebbe possibile un dialogo tra capo e sottoposto che altrimenti non sarebbe possibile. Per questo, già prima del loro incontro, nel libro si avvertono espressioni di perplessità di fronte all'anonimità che il protagonista scorge intorno a sé:

> Pensavo al mio padrone, al creatore della fabbrica, all'individuo che aveva messo in moto quell'ingranaggio probabilmente solo per dare lavoro e pane a tanti uomini come lui. La fabbrica era enorme, occupava alcune migliaia di impiegati e operai, i suoi prodotti si vendevano con successo in tutto il mondo. Un padrone c'era, senza dubbio: tant'è vero che il suo nome figurava stampigliato su una quantità di articoli commerciali; i giornali ne parlavano, con parsimonia ma abbastanza spesso, alcuni graziosamente, altri con disprezzo. Nessuno di noi sapeva di quali mezzi e di quali intermediari si servisse il padrone per agire, per far progredire lo stabilimento che suo padre aveva costruito e lui potenziato fino a farne l'attuale mastodonte finanziario.[17]

---

[16] Giancarlo Buzzi, *Il Senatore*, Feltrinelli, Milano 1958, p. 46.
[17] Ivi, pp. 6-7.

Puntualizzato, a livello saggistico, ne *La tigre domestica*,[18] il dilemma morale che assilla il protagonista de *Il Senatore* consiste precisamente nelle continue oscillazioni tra amore e odio, rispetto e anarchia, ubbidienza e disubbidienza, che si avvicendano nell'animo dell'intellettuale-tecnocrate alle dipendenze di grosse ed impersonali organizzazioni industriali, nelle quali egli avverte, accanto ai benefici impliciti nel suo lavoro (salario, sicurezza, posizione) le tacite ma ferree premesse della propria sottomissione. Oppresso dal peso di queste diverse considerazioni, il protagonista cerca soprattutto di definire — di fronte alla sua coscienza — la propria presenza in un ambiente così irto di contraddizioni, appigliandosi ad ogni minima sembianza di legittimità ("pensavo al mio padrone, . . . all'individuo che aveva messo in moto quell'ingranaggio probabilmente solo per dare lavoro e pane a tanti uomini come lui") onde giustificare il ruolo che egli ha liberamente accettato di svolgervi. Eppure, trattenuta com'è a un continuo processo d'interiorizzazione dalla consapevolezza dei privilegi che ivi si godono, ogni espressione di protesta contro l'organizzazione *protettrice* si rivela futile:

> Il prezzo che avevo dovuto pagare per diventare dirigente — identificarmi con la gerarchia — mi aveva reso inabile alla rivolta. Mi si era annidata in corpo una pusillanimità che mi schiacciava ogni qualvolta abbozzavo un atteggiamento che potessi supporre non in perfetta regola con le leggi del luogo.[19]

Caratteristica dei personaggi buzziani, ed in ciò risiede la validità della loro denuncia, è la loro incapacità di effettuare delle scelte in tutto consone con le loro più vere aspirazioni; incapacità fatta come si è accennato di oscillazioni tra opposte polarità, e di timidi slittamenti verso prode proibite a loro volta seguiti da repentine ritirate verso i luoghi cogniti della sicurezza offerti dall'*establishment*. Nel seguente passo, dove il protagonista descrive il suo ufficio, traspare chiaramente quel senso di disagio morale derivante dall'imperfetta — perché duplice — coscienza che egli ha della propria situazione socio-lavorativa:

> Mi avevano assegnato un ufficio confortevole, al settimo piano di un immenso fabbricato, di stile un po' vetusto, che dominava un crocicchio molto rumoroso. La soddisfazione di avere un ufficio così bello era uno dei sentimenti cui meno volentieri indulgevo, e tuttavia almeno una volta al giorno me la sentivo affiorare senza che potessi far nulla per ricacciarla. Non avevo fatto fatica ad ambientarmi in quella stanza lussuosa. Beninteso, l'avevo trovata perfettamente a posto, non avevo potuto aggiungerci nulla

---

[18] G. Buzzi, *La tigre domestica*, Vallecchi, Firenze 1964, p. 45.
[19] G. Buzzi, *Il Senatore*, cit., p. 11.

> di mio, l'architetto aveva pensato a tutto. E questo era l'unico neo: che l'architetto avesse proprio pensato a tutto senza lasciarmi un'inezia da correggere, neanche un mobile da spostare. Era un locale spazioso, con il pavimento in linoleum verde brillante, il soffitto dipinto in ocra e le pareti in una tinta incerta, tendente al bianco rosato. L'arredamento era ridotto all'essenziale: tuttavia il fabbisogno c'era. Mobili in legno chiarissimo, accuratamente lucidato. La scrivania, disposta ad angolo, prendeva luce da sinistra, dall'unica finestra a grandi pannelli di vetro che dava sul crocicchio e dalla quale si scorgeva, nello sfondo, un lungo viale di tigli: era una scrivania semplicissima, con due file di cassetti che scorrevano dolcemente sulle guide, né voluminosa né piccola. Sul ripiano della scrivania, gli oggetti indispensabili: un telefono, un citofono con molti bottoni per collegarmi agli uffici dei più stretti collaboratori, una matita rossa e blu, una nera, una stilografica, un grosso posacenere di vetro verde . . . [20]

Di fronte a questo ambiente, lussuoso nella sua utilitaria essenzialità, il Masi prova un ovvio sentimento di soddisfazione, di intimo compiacimento per l'alta posizione raggiunta, dietro cui, però, spinge un insopprimibile senso di solitudine. Il personaggio, infatti, si trova in una sorta di *turris eburnea* isolato in mezzo a tanti altri uomini, come lui egualmente isolati, ai quali è collegato dai fili impersonali di un telefono. Per quanto leggero e lineare l'ambiente del suo ufficio, sul protagonista pesa greve e opaca la dimensione carceraria che vi si respira. La descrizione, con la sua rapida ma minuta rassegna degli oggetti che riempiono il vano, rende bene quella particolare angoscia che deriva dal sentirci parte inamovibile di una condizione di staticità, e dalla sensazione d'impotenza che caratterizza la nostra appartenenza a un mondo su cui in nessun modo incidiamo. La scarna enumerazione degli oggetti, inoltre, privi come sono di un connotato veramente personalizzabile, serve a mettere in luce la dimensione puramente funzionale del personaggio, anch'egli, in ultima analisi, niente altro che un addizionale pezzo di mobilio aggiunto all'altra suppellettile neutra ed inespressiva del suo ambiente.

Tanta impersonalità, tanto grigiore ben lustrato, causano nel Masi, come si è osservato, una sorta di squilibrio psicologico che prende la forma di allucinazioni. Si immagina, e il procedimento è tutto kafkiano, di vedere il ritratto del padrone animarsi e fargli periodiche visite. Quest'ultime rappresentano un tentativo, estremo se vogliamo per la salute psichica del protagonista, di colmare le lacune, i vuoti personalistici e psicologici, che esistono tra persona e persona, e tra gruppo e gruppo nell'ambiente industriale. Il suo desiderio di conoscere il fondatore della

[20] Ivi, pp. 11-12.

grande ditta, la cui immagine è ripetuta sui tanti quadri che pendono ovunque nella fabbrica, è in fondo un tentativo di conferire un aspetto più umano, più afferrabile, al clima aziendale. Conoscere il Senatore, creare cioè un dialogo tra sé e l'antico padrone della ditta, è sentito dal protagonista come una missione, una "crociata", intesa a riscattare non solo la propria personalità, ma anche quella di tutti i dipendenti che si muovono pallidi e senza particolarità individualizzanti contro uno sfondo piatto ed incolore:

> Rividi il mio volto delle ore d'ufficio, la durezza che molti di loro mi attribuivano. Mi facevano nodo dentro la loro grigia fatica, i loro squallidi stipendi; li vedevo esposti a tutte le offese . . . La loro sollecitudine a raccattare una carta caduta dal mio tavolo, il vecchio sessantenne accorrere alla mia chiamata e trattarmi con deferenza senza affetto e senza avversione: tanti tapini schiacciati dai paragrafi di un contratto non riscaldato da mano d'uomo — malattia, pensione, anzianità, matrimonio, ferie, . . . Anche per loro volevo che il mio incontro con il senatore fosse fruttuoso: se avessi potuto stabilire con lui un vero colloquio, avrei potuto ingaggiare in loro vantaggio una lotta con probabilità di vittoria, avrei potuto condurre in mezzo alla tribù, in carne ed ossa, il padrone e farlo parlare. Che importava se il padrone parlava un linguaggio per loro incomprensibile? Io avrei tradotto, sarei stato fedele interprete. Pensavo ai miei impiegati; pensavo con un po' più di disgusto alle loro donne, donne per me senza fattezze, ma che mi figuravo scialbe, avvilite. E anche per le loro donne avrei voluto condurre quella crociata.[21]

Tuttavia, più che di una condizione etica oggettiva, rispecchiante un genuino impulso missionaristico, la volontà che il protagonista esprime di collettivo riscatto è soprattutto un mezzo attraverso cui riversare, sulla realtà esteriore, il peso della propria responsabilità morale, del proprio dilemma esistenziale. Ogni volta, infatti, che il Masi viene a contatto con gli altri dipendenti è quasi sempre a danno di quest'ultimi che si risolve il suo presunto umanitarismo. Oltretutto, però, l'atteggiamento del protagonista evidenzia la precisa tensione etica che si genera nell'animo di chi, nel suo intimo, è tutt'altro che insensibile all'indubbio fascino del potere, pur essendo consapevole (e in larga misura anche convinto) dell'imperativo ideologico e morale di tapparsi le orecchie quando le sirene del successo personale intonano i loro dolci canti. In nessun romanzo della nostra rassegna come in questo, ed è principalmente per tale motivo che vi si trova incluso, è ravvisabile un così puntuale commento al concetto espresso dal Sereni nei versi che fanno da premessa all'introduzione. È questo certo uno dei dilemmi più attuali e sconcertanti

---

[21] Ivi, 35-36.

ad interessare un vasto numero di intellettuali che agiscono a vari livelli entro la compagine industriale; uomini come Ottieri, Volponi e lo stesso Buzzi i quali, in virtù della loro formazione essenzialmente umanistica, allorché trattasi di dover mettere il loro *cervello* al servizio dell'industria neocapitalistica, avvertono un comprensibile senso di disagio e di disorientamento. Allo stesso tempo però, e di qui nasce il dilemma, vi ravvisano anche delle promesse di autodistinzione e di carriera ("una certa dignità e un certo rango" appunto) non prontamente ottenibili altrove, e tanto meno rimanendo all'interno di una ristretta cerchia di elitarismo estetico-intellettuale. In un mondo dove tutto è incerto ed insicuro, l'uomo istintivamente cerca garanzie di permanenza e di sicurezza economica da opporre al carattere minacciosamente aleatorio delle cose. L'intellettuale, sebbene per censo ed altro di solito sembri in una posizione di maggiore autonomia, e pertanto di minore dipendenza dalle più diffuse sanzioni socio-economiche cui sono soggetti i più, è invece particolarmente conscio del rischio implicito nel suo privilegio.

Una volta optato per l'inserimento nell'*establishment*, ciò che prima poteva essere solo teoria (i vari aspetti della condizione industriale), per l'intellettuale diventa ora esperienza quotidiana. Stabilendo dei contatti più concreti con l'industria, cioè, quei problemi che egli conosceva sul piano speculativo, avendoli indagati attraverso il filtro dell'informazione indiretta e perciò astratta, gli si ripresentano in tutta la loro umana molteplicità. Ne *Il Senatore* queste considerazioni, come traspare dal brano succitato nonché da tante altre situazioni testuali, scatenano nel protagonista reazioni prontamente decifrabili. Il suo tentativo di ricondurre in scena il defunto fondatore dell'azienda deriva, s'è visto, da un duplice desiderio di porre fine alla sua solitudine d'ufficio nonché di uomo alienato, come anche di realizzare il suo progetto di collettivo *salvataggio* umano. Le crociate, cominciando da quelle più note della storia, si sono sempre prefisse, tra l'altro, finalità di *terapia* spirituale, in virtù della quale chi vi partecipa ha modo — trattandosi appunto di un esercizio religioso — di compiere una azione che vada a beneficio della sua anima. Compiuta che sia la crociata, a trarne maggior vantaggio è ovviamente il crociato, il quale in compenso del suo servigio si vede rimesse le proprie colpe e spesso irrobustito il proprio patrimonio grazie alle elargizioni da parte di un monarca riconoscente. La crociata che il protagonista di questo romanzo vorrebbe sostenere a riscatto dei suoi dipendenti è pressappoco dello stesso tenore; l'unica differenza essendo che il suo acquisto sarà d'ordine spirituale poiché quello materiale (la brillante e retribuita carriera che ha già), insieme al compromesso ideologico-etico che quest'ultima ha comportato, costituiscono la causa fondamentale del senso di colpa che egli avverte il bisogno di espiare. Chiaramente una colpa si può espiare solo quando siamo convinti di volerne praticare la virtù contraria. Infatti, allorché va per mettere in atto la sua volontà missionaria, i risultati smentiscono le sue pie intenzioni:

> . . . splancai le porte degli uffici sorprendendo gli impiegati che oziavano. Ficcai il naso sui fogli che avevano infilati nei rulli delle macchine: trovai da ridire su un sacco di particolari, fui lì lì per far spostare tavoli e scrivanie. Cercavo volutamente, freddamente di rendermi insopportabile, odioso e regolarmente slittavo sulla condiscendenza dei miei subordinati.[22]

Ne *L'amore mio italiano*, come anche ne *Il Senatore*, Buzzi traccia con estrema precisione (ed osserviamo che trattasi di una precisione che, dato l'argomento, per essere veramente efficace deve consistere soprattutto in una controllata *imprecisione*) l'impaccio etico del tecnocrate entrato, non senza riserve, nel mondo dell'industria, e conseguentemente i vari risvolti della sua inevitabile crisi di coscienza. Indipendentemente dai pregi e difetti di questo scrittore, la cui attività letteraria (ma anche critico-saggistica), come altri romanzieri che figurano nella presente indagine, è fortemente contesa dalle sue attività di impiego (gli scrittori 'puri' ormai sono pochi), al Buzzi diamo volentieri atto di aver fatto il punto in maniera particolarmente convincente (ed è un esempio di felice connubio tra esperienze autobiografiche e letteratura) su quella che si potrebbe definire 'l'alienazione spirituale' dell'intellettuale.

3. Goffredo Parise, *Il Padrone*: la reificazione come unica sopravvivenza

Se con la pubblicazione de *Il Padrone* (Feltrinelli, 1965), il quale segna una tappa di singolare rilievo nel suo *iter* narrativo, Goffredo Parise viene fatto oggetto di un'attenzione critica internazionale (sebbene si sia trattata di una critica frettolosa e superficiale), è perché in quest'opera egli riesce a comporre, in un disegno organico e stimolante, le sue disponibilità di artista quanto di vigile osservatore dell'attuale condizione umana. Salutata in Russia per motivi facilmente immaginabili, negli Stati Uniti sommariamente catalogata, nei casi migliori come epigona della tradizione huxley-orwelliana, nei peggiori come presuntuoso esercizio solipsistico, l'opera del Parise ha ingiustamente scontato nell'ambito della critica il successo così fulmineamente riscosso in quello dell'editoria. Come ogni fenomeno artistico che abbia avuto il dubbio privilegio di godere di un successo quasi immediato, per poi essere posto in ombra (se

---

[22] Ivi, p. 102.

non proprio in oblio) da quella stessa curiosità di pubblico frivolo e assetato di sempre nuove sollecitazioni, così è stato anche per *Il Padrone*, un libro che, dovuto in parte a una critica spesso troppo soggettiva, non occupa nel quadro della narrativa italiana contemporanea il posto che più giustamente gli compete.

Per le varie correnti che vi confluiscono, collocare questo romanzo in un preciso filone narrativo non è impresa facile. Accanto alla diffusa presenza di registri stilo-tematici che ricalcano movenze sveviane e moraviane, vi si osserva anche un avvaloramento delle più svariate esperienze espressive. In particolar modo, la descrizione di personaggi e situazioni proiettati al di sopra anche se non al di fuori della realtà, verificabili in una dimensione temporale avvenire le cui premesse, però, siano già elaborate nel momento storico attuale, è un elemento di spicco. Infatti, la sensazione che proviamo nel leggere le vicende che toccano ai vari personaggi del romanzo, ma soprattutto al protagonista, e com'essi si assoggettano a subirle senza reagirvi minimamente, è un misto di incredulità, di sdegno per le ingiustizie che vi scorgiamo, ma anche di un certo distacco perché in fondo i personaggi più che assomigliare a persone vere, le loro azioni più che iscriversi nel segno di una certa attendibilità, si avvicinano, per l'atmosfera iperbolica che li avviluppa, a quelle figure stilizzate e caricaturizzate che fanno parte di uno dei generi più significativamente tipici dell'epoca moderna: il fumetto. Una più completa valutazione de *Il Padrone*, dato appunto l'impiego che vi si fa di alcune tecniche chiaramente mutuate dal repertorio fumettistico, a nostro avviso non può prescindere dal presupposto base del fumetto (che, a guardar bene, è lo stesso per la parabola didattica, le fiabe, i *fabliaux*, e per innumeri seppur affini esemplari di comunicazione di massa che si sono susseguiti attraverso il tempo): quello cioè di presentare una realtà, che in qualche modo è anche la nostra, in maniera abilmente camuffata (mediante l'uso dell'iperbole, della deformazione caricaturale, della trasposizione zoografica — dai *fabliaux* a Topolino — ecc.), onde consentire, in grazia di un procedimento deantropomorfizzante che tutto traspone in un'aura di fiaba, una più agevole recezione della particolare *verità* che ci è destinata.

Sul piano filosofico *Il Padrone* ripropone il tema del naturale vitalismo economico della donna articolato contro lo scenario più generale della alienazione e progressiva reificazione di impiegati alle dipendenze di enormi ed anonime ditte, dove l'umanità moderna, ormai senza distinzione di classe alcuna, è ridotta ad esistere in funzione di un inviolabile ed arcano principio utilitaristico. Presente ora più ora meno in tutta la produzione narrativa del Parise anteriore a *Il Padrone*, il concetto del vitalismo femminile viene schematizzato, con chiarezza di esposizione teorica, nel dramma-dialogo *L'assoluto naturale* (Feltrinelli, 1967), dove l'autore incentra il suo discorso, rilevandone le implicazioni insieme alle manifestazioni più basilari, sul rapporto di ontologia economica tra uomo e donna, nonché sulle conseguenze che al primo ne conseguono. Composto nel 1963, cronologicamente *L'assoluto naturale* è situabile nello stesso periodo in cui il Parise poneva mano alla composizione de *Il Padrone*, e pertanto se ne consiglia la lettura, oltre che per il suo valore intrinseco, come utile puntualizzazione teorica del romanzo stesso. Nel suo romanzo immediatamente successivo, *Il crematorio di Vienna* (Feltrinelli, 1969), l'autore amplia l'assunto tematico de *Il Padrone*, inserendolo questa volta in una più circostanziata prospettiva sociologica in cui vengono messe a fuoco le molteplici ripercussioni di natura culturale, etica ed esistenziale che tecnologia e commercialismo hanno avuto sui vari strati della società contemporanea. *Il Padrone* e *Il crematorio di Vienna*, perciò, in quanto affini dal punto di vista socio-filosofico, costituiscono un tutt'uno da esaminarsi alla luce di problematiche pressoché analoghe.

Ne *Il Padrone* quella che è la macchina tematica tipica del Parise, più che cambiare rotta, inverte semplicemente la marcia. Se i vari personaggi maschili della narrativa parisiana prima de *Il Padrone* sono caratterizzati da una notevole carica sessuale (che, essendo spesso *impura*, come nel caso de *Il prete bello*, può avere risvolti catastrofici), ne *Il Padrone* è caso di un uomo che sin dal suo primo ingresso nella Milano super-tecnologica ha già sublimato totalmente l'istinto della carne, avendolo sostituito con un istinto di efficienza e di produttività commerciali. È per questo motivo che all'indomani del suo assorbimento nel "palazzo di vetro" egli non si lascerà più attirare da certi locali notturni i quali, all'insegna del "Sexy-Gin", invitano a stemperare in eccitanti consumazioni il tedio e le tensioni del vivere quotidiano. Parimenti il protagonista resterà insensibile di fronte alle esuberanti forme di Selene, una sua affascinante compagna di ufficio, accogliendone con assoluta compassatezza i toccamenti che la donna generosamente gli concede. Compagna ideale per un uomo siffatto, che ha ormai compiuto una così efficace operazione di autodiseroticizzazione è la mongoloide Zilietta, che il protagonista accetta di impalmare come ultima conferma della sua abnegazione. Se le donne che popolano la narrativa parisiana, oltre che simboli di energia sessuale, lo sono anche di bellezza femminile, Zilietta ne è ovviamente l'emblema opposto, e perciò capace di assecondare il desiderio del protagonista di annichilare in sé ogni residua traccia di sentimento umano, onde poter meglio apprestare docile il capo al giogo dell'industria. Il poco vigore che il protagonista dimostra verso quelle sollecitazioni che tradizionalmente costituiscono il normale obiettivo di una vita umanamente vissuta (amore, famiglia, ecc.) è spiegabile in termini dell'impatto devitalizzante che l'industrialismo commerciale avrebbe avuto sull'uomo contemporaneo. Da sacerdotessa leggera ed evanescente del vitalismo sessuale, come essa appare in molti suoi romanzi precedenti, ne *Il Padrone* Parise riadegua la figura della donna all'attuale ragione di mercato, facendone una coadiuvante del produttivismo industriale. Passando da una sfera di naturale e perciò positivo materialismo a una di materialismo artificiale, nel quale l'uomo non occupa più una posizione centrale, essa, divenuta animalesca e greve fisicità, porta nella sua persona abbrutita e deforme (questo significa il mongoloidismo) i segni di una tale transizione. È significativo inoltre che l'autore faccia coincidere questa fase estrema della parabola involutiva cui sarebbe giunta l'umanità — simboleggiata appunto nell'ottusa materialità di Zilietta — con il momento in cui l'industrialismo tecnologico, liberatosi di ogni fastidioso impaccio etico-umano, può finalmente spaziare nell'empireo dell'efficientismo puro.

Dalla sua cittadina di provincia, il giovane e kafkianamente anonimo protagonista de *Il Padrone* arriva a Milano, dove viene assunto come progettista presso una ditta commerciale. In realtà, però, il suo lavoro consiste soprattutto nel piacere al padrone, il dottor Max, e nel soddisfare le richieste, perfino le più strane, che gli vengono fatte allo scopo di domarne del tutto la personalità.[23] Del gruppo padronale tutti, compresa la dispotica signora Uraza, madre del dottor Max, mirano esclusivamente alla totale sottomissione e strumentalizzazione dell'anonimo protagonista. È con tale intento che essa lo spinge a sposare una povera mongoloide, di nome Zilietta, con l'espresso proposito di fargli fare dei figli, i quali a loro volta potranno essere anch'essi dei dipendenti modello. La figura di Zilietta, inoltre, fa tutt'uno non solo con il concetto dell'*economia naturale*, ma, e più significativamente, come esso si attaglia, determinandola, alla particolare *ratio* economica che presiede alle odierne leggi di mercato. In quanto mongoloide, Zilietta è destinata ad avere vita breve, precisamente

---

[23] Una situazione tipicamente kafkiana si coglie già all'inizio de *Il Padrone*, quando il protagonista è introdotto, di colpo, in un ambiente insieme immenso e pieno di incognite. Tale situazione, infatti, è puntualmente analoga a quanto succede al sedicenne Carlo del romanzo kafkiano *America*. *Il Padrone* come l'opera di Kafka dimostrano la fondamentale impotenza dell'uomo, e la sua incapacità di incidere in maniera significativa sugli eventi che più direttamente concernono la sua esistenza. Come dice il Cantoni, a proposito del giovane protagonista di *America*, il suo "destino non gli appartiene, si decide sempre *altrove*, fuori del luogo cognito e sicuro della sua ragione e delle sue intenzioni . . . Chi decide della sorte di Carlo è una autorità enigmatica e irrazionale che s'incarna, ad esempio, nello zio, — il parente che dopo averlo teneramente accolto e protetto lo butta sulla strada senza plausibile motivo" (cfr. Remo Cantoni, *L'universo indecifrabile di Kafka*, ne *La coscienza inquieta*, Mon-

come i prodotti merceologici che essa in fondo simboleggia, i quali portano in sé, predisposti con preciso calcolo, i germi della propria deperibilità. La legge della breve durata, della obsolescenza incorporata, prima applicata solo in sede produttivistica, si sarebbe estesa ormai a comprendere anche gli uomini, visti, come le cose, in termini della loro utile ancorché necessariamente breve durata. Una siffatta visione della realtà contemporanea, ovviamente, non deve leggersi solo come espressione di disperato pessimismo da parte del Parise, ma anche come segnale d'allarme che, per quanto suonato con notevole ritardo, sia ancora in grado di salvaguardarci da futuri abusi nel campo della tecnologia.

Se è vero che l'arte, come varie volte è stato ribadito, non dev'essere ancella della pragmaticità, specie nei suoi aspetti propagandistici, vero è altrettanto che nell'arte, quando di arte si tratta veramente, c'è sempre un fondamentale contenuto umano. Lo spunto pratico, sia politico che etico, perde il suo mordente, infirmando così il più vasto disegno che lo contiene, quando scopre, per eccessiva trasparenza, le sue precipue finalità. Come il Moravia in una sua pungente osservazione sull'argomento ebbe a precisare, "A un'arte di partito, si dovrebbe chiedere prima di tutto di non sembrare di partito. Perché, se non altro, gli uccelli non si lasciano prendere se le reti non sono ben dissimulate."[24] La scrittura del Parise, nella misura in cui si articola scevra da ogni dogmatismo politico-ideologico, pur conservandone le premesse socio-umanitarie più valide, oltre ad acquistare maggiore serietà sul piano artistico rivela anche una più matura visuale etico-filosofica. Ne *Il Padrone*, i mali della società tecnico-consumistica, visti attraverso lenti d'ingrandimento, vengono indagati nelle loro possibili ripercussioni sociologiche. Adoperando la tecnica dell'iperbole, il Parise illumina, per ipotesi estrema, le varie deformazioni socio-psichiche che l'etica produttivistica, se non opportunamente imbrigliata, potrà causare. In questa luce, l'alienazione del protagonista si presenta non già come condizione anormale, ma come normale, e per di più necessario, *modus vivendi*. Assorbito dalla ditta commerciale, e soprattutto dalla figura del padrone, il protagonista rivela in pieno la sua alienazione allorché, sperando di poter valutare con obiettivo distacco la propria situazione, chiede qualche giorno di ferie per tornare al suo paese:

dadori, Milano 1949, p. 336). Tali osservazioni riassumono mirabilmente la sorte che tocca anche al protagonista de *Il Padrone* al momento del suo ingresso nel "palazzo di vetro". Anche lo zio di Carlo, e il suo comportamento nei riguardi del nipote, è paragonabile alla figura del dottor Diabete ne *Il Padrone*, il quale, corregionale del protagonista e conoscente di famiglia, dopo un'ottima accoglienza iniziale, lo abbandona completamente al suo destino.

[24] Alberto Moravia, *Il comunismo al potere e i problemi dell'arte* (1953-1954), raccolto nel vol. *L'uomo come fine e altri saggi*, Bompiani, Milano 1964, p. 177).

...qualcosa è accaduto perché queste persone sono pur sempre mia madre, mio padre, la mia fidanzata, e questa è la città dove sono nato. È possibile che in così poco tempo non soltanto sia scomparso il passato, ma che questo passato addirittura non esista, se non nei sentimenti, almeno nella memoria? È possibile che la grande città, la ditta e soprattutto il dottor Max abbiano potuto spazzar via tutto ciò che è stata la mia vita?

E la risposta, glaciale nella sua pacata linearietà:

> Il dottor Max: anche ora, che sono a casa, non faccio che pensare a lui, tutte le mie forze ed i miei sentimenti tendono verso di lui, non vedo l'ora di partire e sento che non tornerò mai più.[25]

Uniformato alla volontà del padrone, il protagonista si unisce alla schiera dei dipendenti-robots che popolano il "palazzo di vetro": il *factotum* Lotar, per esempio, che esegue con meccanica precisione ogni ordine, oppure Rebo, l'uomo geometrico che sa dosare perfettamente quante parole spendere in una conversazione, quanto tempo far durare un sorriso, ed infine i dipendenti Pippo e Pluto che, con le loro rispettive consorti Cinzia e Fabrizia, rappresentano la meccanica e grigia esistenza del dipendente tipico. Improntati, come si è rilevato, a una super-realtà di sapore fumettistico, questi automi si muovono, inespressivi ed anonimi, in maniera sempre eguale, rispettando ritmi di vita-lavoro imposti da una *voluntas* economica la cui gerarchia amministrativa è avvolta nel mistero. Svanito l'affetto che prima provava per le persone e le cose più vicine, il protagonista si sente legato soltanto alla ditta, vista come un organismo perfetto, nella quale finisce per immedesimarsi fino al punto di farne suo lo stesso ritmo vitale-produttivistico:

> ...la ditta comincia a vivere la sua vita alle otto e mezzo, quando comincia la mia. Ha una pausa di due ore a mezzogiorno che è anche la mia pausa. Riprende alle due e mezzo e finisce alle sei e mezzo. Tutte le altre ore, se si tolgono le ore di sonno, quelle per il cibo e quelle occupate al cinematografo, o da qualche altro svago, sono ore di vuoto in cui la vita perde ogni suo significato e sprofonda nel nulla.[26]

---

[25] Goffredo Parise, *Il Padrone*, Feltrinelli, Milano 1965, p. 183. Conviene insistere ancora una volta sulla somiglianza, davvero sorprendente, tra la sorte che tocca a Carlo, sempre in *America*, e quella di cui è vittima il protagonista de *Il Padrone*. "Il gigantesco albergo meccanico [scrive Cantoni] è la sorte illogica che non scende a patti con gli argomenti fin troppo validi dell'uomo. La esistenza... è sentita come un'avventura in cui si è buttati dopo aver abbandonato la dimora ovattata della protezione familiare. La vita, non appena la si affronti nella sua realtà, è sofferta come fenomeno irrazionale, come espiazione di una legge incomprensibile, come una pantomima illogica, come una forza automatica che riduce gli uomini a burattini senza che si veda il burattinaio" (R. Cantoni, op. cit., p. 366). Ne *Il Padrone* il "burattinaio" è la irrazionale volontà del padrone stesso, e soprattutto del principio utilitaristico di cui anch'egli, come tutti, è un semplice esecutore.

[26] G. Parise, op. cit., p. 197.

Consegue inoltre, che se la ditta è un corpo vivo, e pertanto con delle determinate ore di movimento ed altre ancora di stasi, il dottor Max, il quale ne è il cervello direttivo, deve vegliare anche quando la ditta è ferma. Per il protagonista, quindi, diventare come Max significherebbe prolungare le proprie ore di vita:

> Ecco allora sopravvenire in me il desiderio di identificarmi con lui, coi suoi problemi e coi suoi progetti senza i quali, proprio come la ditta, la mia vita si arresta. In altre parole, se mi adattassi, come fanno tutti gli altri dipendenti, a essere soltanto uno strumento, così come sono strumenti le macchine meccanografiche della amministrazione o tutti gli altri oggetti di proprietà del dottor Max, se mi adattasi ad essere appunto una cosa come m'era parso di adattarmi addirittura con entusiasmo all'inizio, tutto andrebbe bene: vivrei appunto come una cosa e, proprio come una cosa, né felice, né infelice. Vivrei e basta; potrei anch'io sposarmi come hanno fatto e fanno tanti altri, metter su famiglia, avere figli. Provare quel sentimento che provano le cose, cioè quel sentimento di adattabilità passiva e perciò consenziente che hanno le cose nella mano dell'uomo.[27]

L'assillo morale qui espresso, e che accompagna il protagonista attraverso tutta l'opera, come si vedrà non si risolve mai del tutto entro i confini narrativi de *Il Padrone*. Gli affetti *tradizionali* che sopravvivono in lui, e che di tanto in tanto affiorano dal fondo della sua coscienza, testimoniano ancora un residuo di reattività contro quell'imponderabile *quid aeconomicus* che presiede al materialistico andamento delle cose del mondo. Al passo sopra riportato, che è fra i più importanti del romanzo, fa riscontro la conclusione dell'opera quando, avvenuto il matrimonio tra

---

[27] Ivi, pp. 197-198. Il concetto del lavoro che diventa una finalità a sé sufficiente, iscrivendosi nel segno quasi sacrale di un ritmo incessante ed autoperpetuantesi, che è uno dei temi portanti de *Il Padrone*, come pure de *Il crematorio di Vienna*, è stato percepito abbastanza per tempo nel corso del Novecento industriale, e con particolare acume da Adriano Tilgher laddove nota che "sotto la doppia pressione della necessità economica e tecnica, si accende nell'imprenditore moderno una divorante furia di attività, una febbre di lavoro, la quale non ha più altro scopo che se stessa, e che considera se stessa non già come mezzo per la conquista della ricchezza, per il raggiungimento del lusso e del piacere, ma come fine a se medesimo. Da questa visuale psichica imprenditore ed impresa fanno tutt'uno, e la vera ricompensa che l'imprenditore chiede al suo lavoro è nel ritmo di vita sempre più intenso e vorace di cui palpita e vibra l'impresa, è nello slancio vitale sempre più gagliardo e potente che porta l'impresa a crescere nello spazio e nel tempo, è nella volontà di potenza sempre più aspra e più dura, grazie alla quale l'impresa vive e dura e combatte e vince. Qui veramente, per la prima volta nella storia del mondo, si attua, non già come fenomeno individuale, ma come fondamentalissimo fenomeno di tutta una civiltà, il lavoro pel lavoro, il lavoro fine e scopo a se stesso. È questa la realtà viva e concreta su cui, come riflessione e teorizzazione di essa, cresce la nuova visione e intuizione della vita, di cui il concetto chiave e centro è quello del lavoro (A. Tilgher, *Homo Faber*, Cap. IX "Il Concetto di lavoro sotto l'influsso della tecnica e dell'economia moderna", Libreria di Scienze e Lettere, Roma 1929, pp. 65-66).

Zilietta e il protagonista, si prospetta la possibilità della nascita di un figlio:

> Mio figlio sarà, come lei, un demente. Io lo spero con tutto il cuore e sono in ansia fin da ora.
> Ognuno desidera trasmettere nel figlio che lo continuerà i propri caratteri individuali. Spero dunque che non sia come me, ma felice come sua madre nella beatitudine pura dell'esistenza. Egli non userà la parola ma nemmeno saprà mai cosa è morale e cosa è immorale. Gli auguro una vita simile a quella del barattolo che in questo momento sua madre ha in mano, solo così nessuno potrà fargli del male.[28]

In questa amara riflessione è contenuta una delle espressioni di dolore più potenti contro gli effetti deteriori della civiltà delle macchine. E l'efficacia della protesta risiede nella desolante mestizia con cui è enunciata, in quel *flatus vocis* caratteristico del narrare del Parise, che proprio perché non si scompone mai diventando grido disperato risulta tanto più capace di denunciare l'angoscia dell'autore, oltreché la pressante gravità dell'argomento. In queste ultime parole di contenuto dolore sta tutta la portata di questo importante romanzo.

Se il protagonista accetta di sposare Zilietta, quantunque consapevole di non poter mai essere felice con una creatura simile, lo fa, ed è uno dei tratti più pessimistici di tutto il libro, con la speranza che i suoi figli saranno quello che egli stesso ha sempre desiderato di diventare: una cosa. In questa sconsolata prospettiva, l'insensibilità, in quanto l'unica qualità veramente atta a render immuni da ogni tipo di sofferenza, si prospetta sul piano esistenziale come la più ideale delle soluzioni. In fondo, il suo accondiscendere a sposare la mongoloide fa tutt'uno con quel fondamentale *cupio dissolvi* che è alla base di ogni sua azione, e perciò, come tale, costituisce ancora un altro passo verso la morte, vista ormai come l'unica soluzione veramente in grado di placare per sempre l'affanno psicologico-morale del protagonista. Del resto, l'intimo legame che questi scorge tra morte e realtà (concretezza) è dichiarato in maniera esplicita quando uno dei personaggi, Pippo, muore. La sua morte, inoltre, se da un lato sottolinea la condizione disperata di chi vive in un tale mondo, serve anche a mettere il protagonista di fronte alle dimensioni concrete della realtà:

> Stranamente anche questa giornata è stata una giornata reale a differenza di tutte le altre che non lo sono. Un'altra volta ho provato questa sensazione di realtà ed è stata in presenza del dottor Saturno quando ho capito, dalle sue parole e dai suoi occhi, che egli era vicino alla morte. E oggi, con la

---

[28] Ivi, p. 313.

morte di Pippo. Il che mi fa pensare, data la coincidenza, che la sola realtà possibile sia appunto la morte.[29]

Il prezzo che il protagonista deve pagare perché i propri figli possano realizzare quella *felicità* che egli non conoscerà mai è il sacrificio del proprio piacere sessuale. Il suo matrimonio con la mongoloide, in definitiva, altro non è che un rito castratorio, in quanto l'atto sessuale con una siffatta creatura non può che ridursi ad una insensibile operazione meccanica. Solo per Zilietta, l'infelice che in realtà è più felice di tutti, l'atto sessuale potrà essere piacevole, solo lei lo potrà godere nella "beatitudine pura della [sua] esistenza" animale. Tuttavia, all'interno del più ampio quadro sociale tracciato dal Parise in questo romanzo, la condizione del protagonista non è poi tanto abnorme, né così disperata come possa a prima vista sembrare. Tutti i personaggi de *Il Padrone*, in un modo o nell'altro, sono affetti da qualche malattia che, impedendo loro di realizzarsi pienamente sul piano fisico (e di conseguenza anche mentale), contribuisce al loro scadimento proprio come persone.[30] Pippo e Pluto, e le loro rispettive famiglie, per esempio, nella misura in cui patiscono le affezioni patologiche più tipiche dell'epoca moderna, dei veri e propri *mali del secolo*, rappresentano la triste condizione esistenziale dell'*homo mechanicus*:

> Le nostre conversazioni [dice il protagonista] sono sempre le stesse e hanno due soli argomenti: il dottor Max e le malattie di cui entrambi soffrono. Pluto soffre di nevralgie al trigemino e di sospetti di ulcera, Pippo di tachicardie improvvise e sospetti di nefrite.[31]

Né sono solo gli uomini a risentire, in maniera nagativa, delle conseguenze esiziali dell'industrialismo moderno, e dell'insieme di ripressioni ed oppressioni che ne derivano:

> Fabrizia, la moglie di Pluto, soffre di disturbi ovarici e Cinzia, la moglie di Pippo, di disturbi nervosi in generale, che però si esprimono in vari disturbi particolari come per esempio la diminuzione della vista, dell'udito,

---

[29] Ivi, pp. 239-240.
[30] Fra i legami tematici che il Parise ha con lo Svevo, risalta particolarmente quello della malattia, della mancanza di salute cioè come simbolo di decadenza fisico-morale; tema che riveste una notevole importanza nell'economia della opera parisiana. La malattia, inoltre, si presenta quasi sempre in chi ha molto sviluppate le facoltà raziocinative. Per ovvie ragioni tali personaggi sono attratti a donne che godono di ottima salute. Ricordiamo, per esempio, che Zeno ammira in Augusta, donna che egli non ama ma che finisce per sposare, soprattutto il fatto che essa è così sana (moralmente e fisicamente): la sua robusta normalità. Il suo unirsi a questa donna, quindi, è motivato da un desiderio inconscio di ristabilire, a contatto con quella florida creatura che è Augusta, la propria sanità fisico-psichica.
[31] G. Parise, op. cit., p. 184.

dell'olfatto e anche del tatto. Mogli e mariti sono concordi nel ritenere necessarie molte cure e periodi di riposo di cui avrebbero bisogno ma che non si possono concedere. La malattia che li accomuna è perciò una vaga stanchezza e qualche sospetto di febbre pomeridiana.[32]

L'autore, nell'alludere discretamente ma non senza un lieve umorismo alla diminuzione delle varie facoltà sensoriali presso le mogli dei suoi colleghi, sembra annunciare la futura demenza dei loro figli. Il mondo, quindi, e ormai al di là delle categorizzazioni utilitaristico-classiste che Huxley aveva distinto nel suo *Il mondo nuovo* (1932), sarà presto popolato solo da tanti dementi come Zilietta, la quale finirà con l'essere non più un'eccezione, bensì la norma:

> Certo, guardando in giro, vedo tante belle ragazze, infinitamente più belle di Zilietta a cominciare da Selene. Ma questa domanda vale anche per loro. Quanto ai figli, essi saranno dei figli, e anche con altre potrebbe accadere di mettere al mondo figli idioti. Si capisce che con Zilietta le probabilità sono molto maggiori, ma se penso ai figli di molti miei colleghi mi accorgo che la differenza non è poi così grande . . .[33]

Conseguenza, fra le più dirette, di un tale livellamento è la scomparsa della differenza tra padroni e subalterni, ambedue ormai inghiottiti e parificati da un incontrastabile principio produttivistico che trascende e pianifica ogni gerarchia umana, allo stesso tempo che esige l'assoluta *essenzializzazione* di persone e cose, divenute perfettamente intercambiabili e viste alla stregua di un'unica dinamica. Non sorprende, quindi, che anche il dottor Max, padrone dell'immenso complesso commerciale, sia anch'egli frutto del "centro di educazione per bambini", sorta di istituto per menomati mentali organizzato dalla signora Uraza stessa:

> "E ora venga [dice al protagonista], le faccio vedere le nostre scuole, dove si educa col metodo inventato da me e che io per prima ho sperimentato col dottor Max quando era piccolo."[34]

I problemi socio-etici che *Il Padrone* pone hanno il loro prosieguo, logico ed inevitabile, ne *Il crematorio di Vienna*. Divisa, forse simbolicamente, in trentatré capitoli, questa opera offre un panorama estensivo del fenomeno della deumanizzazione, esemplificato attraverso i vari strati della società contemporanea.[35] È sintomatico che ai molti per-

---

[32] Ivi, p. 185.
[33] Ivi, p. 274.
[34] Ivi, p. 255.
[35] Come nella simbologia cristiana il numero 33 è emblematico della morte per antonomasia, il Parise forse ha voluto dividere *Il crematorio di Vienna*, che simboleggia la morte dell'*umanità* dell'uomo, in trentatré capitoli, ciascuno visto come una tappa del suo calvario.

sonaggi che si susseguono nel libro manca affatto la coscienza di essere alienati. Azioni, per esempio, che per il lettore sono indicative di preoccupanti aberrazioni mentali, per questi personaggi rientrano nella più quotidiana normalità. Così una madre può buttare dalla finestra uno dei propri figli, quello che è un po' *diverso* dagli altri due, con la stessa meccanica insensibilità con cui viene scartato un prodotto industriale che presenta un "difetto di stampo o di fabbricazione":

> Mi è venuto in mente, appunto lo stampo, la fabbricazione di quel mio figlio erano stati veramente uno sbaglio, uno sbaglio insieme teorico e tecnico, come quei televisori, valvole e schermi, anch'essi difettosi, che vedevo al mattino alla alba, nella nebbia, abbandonati in piccoli mucchi senza senso e senza voce oltre il recinto delle case popolari.[36]

Con pari insensibilità un meccanico può sottoporre un suo giovane aiutante a una serie di cariche elettriche, come se si trattasse di una batteria, tanto sono eguali per lui persone e macchine:

> ho chiuso le saracinesche, ho preso Mario per un braccio, che tremava tutto, e gli ho passato un po' di corrente sulla testa, sperando che, dopo, il suo cervello addormentato si svegliasse, come tante volte era accaduto. Forse era troppo forte la corrente, non lo so, fatto sta che Mario non ha funzionato più, proprio come una batteria, non solo scarica, ma da cambiare.[37]

Particolarmente indicativa è la conclusione di questo raccapricciante episodio dove, in attesa di essere processato, il meccanico così giustifica la sua azione:

> Io il mio dovere l'ho fatto, con tutto l'amore, sia per il collo d'oca, sia per Mario, sia per la puntina, senza fare nessuna differenza. Che ho fatto il mio dovere fino in fondo e obbedito alle regole della meccanica sono sicuro che la giustizia lo terrà presente . . . [38]

L'*etica meccanica*, la quale impone che tutte le cose siano giudicate unicamente in base al loro rendimento e alla loro funzionalità, si è ormai estesa anche agli uomini. Tutto ciò che minaccia di arrestare il moto di "milioni di magnifiche automobili . . . per il mondo" è visto dal protagonista di questo episodio, e possiamo inferire dal contesto che forse sarà così anche per i suoi giudici, come una minaccia alla civiltà stessa. Vibrante come atto di accusa contro l'industrialismo consumistico, *Il crematorio di Vienna*, come già *Il Padrone*, mette in allarmante rilievo gli effetti deteriori che all'umanità derivano da una cieca ed antiumanistica

---

[36] G. Parise, *Il crematorio di Vienna*, Feltrinelli, Milano 1969, p. 212.
[37] Ivi, pp. 176-177.
[38] Ivi, p. 177.

applicazione dei metodi tecnologici. La principale ragione, infatti, della collettiva alienazione dei personaggi di queste opere sta nel loro essere completamente insensibilizzati a quelli che sono i veri valori dell'uomo.

Il crematorio, insieme titolo del romanzo e simbolo del totale annientamento dell'uomo, appare, e crediamo non senza un suo significato ben preciso, in un unico episodio. Trascinato da una sorta di forza magnetica, che in realtà è il suo istinto di morte, il protagonista del nono capitolo è condotto a un enorme edificio che contiene appunto un forno crematorio. Insieme alla moglie-bambina (Zilietta?), egli entra in questo ambiente kafkiano dove presto viene paralizzato da una puntura alla nuca, e successivamente calato giù nel cunicolo che porta al forno:

> Con tutte le sue forze tentò di liberarsi dalla immobilità prima che lo sportello fosse chiuso, e soprattutto di parlare, di dar voce alla ragione. Ma non gli fu possibile: come il pensiero, che era stato la sua condanna, vagava limpido e libero, così le membra restavano invece del tutto inerti. Nei pochi istanti in cui i battenti zigrinati dello sportello penetravano negli alveoli dell'orifizio, A. si avvide della presenza intorno a sé, di una costellazione di fori rossastri sulle pareti del cunicolo. Di lì sarebbe uscito il fuoco: e infatti, proprio nel momento in cui lo sportello con un tonfo si schiuse, cominciò ad uscire soffiando e sibilando.[39]

La morte, vista come risposta più valida agli assilli socio-etici che angosciano l'uomo, può senz'altro dirsi predominante entro l'ambito tematico delle soluzioni esistenziali inerenti alla narrativa parisiana. Poiché ne *Il Padrone* il protagonista non giunge mai a una vera soluzione, né sul piano morale né su quello narrativo, non sarà azzardato interpretare l'episodio sopra riferito come conclusione *ideale* di tale romanzo. Solo con la morte, che avviene nel nono capitolo de *Il crematorio di Vienna*, il protagonista de *Il Padrone* riesce finalmente a risolvere quella tensione tra pensiero e senso, tra sensibilità umana ed insensibilità bruta che costituisce il punto nodale de *Il Padrone* e che si trova personificata, già all'inizio di questo romanzo, nella figura del portiere della ditta commerciale. Questi, nell'accogliere il protagonista,

> si è curvato e ha allungato la mano in direzione della scala, . . . nel fare questo movimento, accompagnato dal suono profondo della voce, ha rivelato chiaramente la sua vera natura che, come m'era parso di intravedere nei suoi occhi offuscati dalle sopracciglia, era una natura scimmiesca.

[39] Ivi, p. 74. I molti personaggi che si susseguono attraverso i capitoli di questo romanzo sono designati semplicemente con lettere dell'alfabeto (il protagonista dell'episodio riferito, ad esempio, si chiama A.). Questa tecnica, di origine kafkiana, adoperata ovviamente per rendere l'impersonalità della società tecnologica, ha la sua iniziale fase di elaborazione ne *Il Padrone* stesso, dove, ricordiamo, il protagonista è senza nome.

A far risaltare maggiormente la natura animale del portiere contribuisce soprattutto il suo grottesco tentativo di simulare gesti ed atteggiamenti umani:

> Infatti, egli ha tentato di sorridere: ma nel fare questo tentativo, cioè nell'atteggiare il volto a qualcosa di umano che nelle sue intenzioni avrebbe dovuto risultare gentilezza e cortesia, la sua indole triste e cupa è apparsa chiaramente. Gli occhi hanno mostrato un lampo di delusa speranza, di immobile e non cosciente malinconia come in certi vecchi, enormi oranghi dello zoo.[40]

Il paragone con gli oranghi e le considerazioni che il protagonista fa sull'origine della loro tristezza sono centrali all'intelligenza di questo romanzo in quanto investono il problema della infratturabile unità delle specie viventi, e dell'uomo in particolare il quale è costretto a subire in maniera innaturale le deformanti metamorfosi impostegli dalle leggi tecnologico-produttivistiche. Gli oranghi, date le loro relative affinità fisico-somatiche con l'uomo, sperano, mediante una certa dimestichezza con quest'ultimo e dopo averne assimilati "tutti i gesti e i comportamenti che rappresentano la civiltà", di diventare anch'essi uomini. A tale speranza subentrano presto la delusione e la consapevolezza che la voluta trasformazione da animale in uomo non avverrà mai, e perciò l'orango

> si lascia andare, le blatte si moltiplicano indisturbate su di lui, non accetta più nulla di quanto gli uomini gli offrono se non quel tanto necessario a mantenersi in vita, la curiosità si affievolisce e sta per svanire, il sedere si riempie di piaghe ed egli stesso sente che non gli resta altro, per mostrare a tutti il suo unico privilegio, che l'esibizione della oscenità di cui tanto si era vergognato durante i suoi primi anni di zoo.[41]

La figura del portiere, che suggerisce il paragone con l'orango, sta ad indicare il mostruoso essere che risulta allorché, per meglio assoggettarlo ai dettami di una spietata legge socio-economica, all'uomo viene sottratta la sua umanità. Il prodotto di una tale coercizione è un'entità fisica che, sebbene presenti caratteristiche umane, in realtà si avvicina più ai bruti che non agli uomini. Per l'orango riaversi dalla mancata evoluzione verso una specie superiore è relativamente facile; da animale non gli resta che sbandierare, come atto di sfida e di disprezzo contro l'uomo che non è riuscito a diventare, quella parte del suo corpo sulla quale fonda in pieno la rivendicazione della sua animalità. L'uomo, invece, nella impossibilità di asserirsi totalmente sia come animale che come uomo, scorge in quella

---

[40] G. Parise, *Il Padrone* cit., p. 10.
[41] Ivi, pp. 11-12.

stessa parte del suo corpo solo il simbolo del suo limite esistenziale. Una volta respinta l'opzione di diventare un automa, all'uomo non resta che la morte come unica valida alternativa onde preservare intatta, sebbene paradossalmente, la propria umanità.[42]

---

[42] Che l'unica soluzione a una siffatta antinomia sia la morte era cosa già scontata, in sede teorica, ne *L'assoluto naturale*, laddove l'UOMO, messo perentoriamente di fronte alla necessità di scegliere tra un'esistenza dei sensi e una (secondo lui) più ricca, opta per la seconda sebbene questa comporti, come prezzo inevitabile, la morte. *Il Padrone*, invece, proprio perché non si conclude con la morte del protagonista (nel quale, per altro, l'istinto di morte è fortissimo), presenta una fondamentale contraddizione all'interno della più conseguente ideologia parisiana. Perciò, poiché il dramma che il romanzo pone non si risolve pienamente entro i confini narrativi de *Il Padrone*, crediamo sia lecito coglierne il vero epilogo (filosofico) nel capitolo indicato de *Il crematorio di Vienna*.

CONCLUSIONE

Ora che siamo al termine della nostra rassegna di scrittori *industriali* sarà bene giustificare, o almeno spiegare, l'assenza di scrittori operai (quali Luigi Davì, Vincenzo Guerrazzi, ecc.) in uno studio appunto come il nostro. Potrà servire ad illuminare maggiormente il problema se ricordiamo il guidizio di Goffredo Fofi, il quale, nella sua introduzione a *Le ferie di un operaio* di Vincenzo Guerrazzi (Savelli, 1974), lamentando il "carattere astorico e amarxista" della letteratura *industriale* italiana, si domanda: "ma non può esistere davvero un'arte che non possa essere altro che *borghese* o una espressione proletaria che non possa essere anche *artistica*?" Con l'aver considerato solo le opere di scrittori borghesi (approssimativo che sia tale termine), non crediamo tanto di rispondere in maniera negativa al quesito posto dal critico quanto di invitare ad una riformulazione del medesimo.

Né crediamo che per scrivere un romanzo di fabbrica sia necessario essere un operaio, che occorra cioè un'identità vitale, di tipo romantico, tra chi scrive e l'oggetto da rappresentare. Un romanzo che gridi le sofferenze degli operai e il clangore infernale dei reparti non è necessariamente garanzia di genuinità artistica, e nemmeno di denuncia socio-umana, specie se la più ampia visione che ne risulta non investa in maniera più significativa perfino quelle sfere che in apparenza sembrano lontanissime da quella industriale. A nostro vedere, più importanti delle differenze tra borghesia e proletariato (differenze che spesso sono soprattutto d'ordine quantitativo), sono le interazioni che esistono tra questi due gruppi, nonché gli infiniti rapporti di interdipendenza che, se esaminati con animo sereno, possono anche invitare a vedere le classi in questione non già come due entità disgiunte e distinte, bensí come due facce complementari (sebbene il rapporto di complementarità è ovviamente sproporzionale) di un'unica realtà sociale.

Se la nota più vera del panorama operaio-industriale è il grido di dolore, di sacrificio e di disperazione che si alza da questo settore della vita moderna, e che i vari autori che abbiamo esaminato cercano di cogliere e modulare, pensiamo che essa sia stata vibrata con sufficiente efficacia da scrittori come Volponi, Ottieri, Parise, ecc., i quali, anche se scrittori *borghesi*, nel focalizzare l'angoscia dei loro rispettivi personaggi, siano essi operai, tecnici o tecnocrati, contribuiscono a sensibilizzarci ai problemi più attuali di un'intera società. Il criterio discriminativo, quindi, che ci è parso più opportuno seguire ha preferito tener conto soprattutto della maggiore risonanza socio-etica di un'opera, e di come essa rispecchi, evidenziandola, una condizione dell'uomo principalmente in quanto tale, e solo secondariamente in quanto operaio.

BIBLIOGRAFIA

I. Opere

Arpino, Giovanni, *Una nuvola d'ira*, Mondadori, Milano 1962.
Baudelaire, Charles, *Les Fleurs du Mal*, Louis Conard, Paris 1930.
Bernari, Carlo, *Tre Operai*, Mondadori, Milano 1951.
Bianciardi, Luciano, *L'integrazione*, Bompiani, Milano 1960.
—, *La Vita Agra*, Rizzoli, Milano 1962.
Bigiaretti, Libero, *Il Congresso*, Bompiani, Milano 1963.
Buzzi, Giancarlo, *Il Senatore*, Feltrinelli, Milano 1958.
—, *L'amore mio italiano*, Mondadori, Milano 1963.
Calvino, Italo, *Una nuvola di smog*, ne *I Racconti*, Einaudi, Torino 1960.
—, *Il bosco dell'autostrada*, ne *I Racconti*, Einaudi, Torino 1960.
Mastronardi, Lucio, *Il maestro di Vigevano*, Einaudi, Torino 1964.
Meoni, Armando, *La ragazza di fabbrica*, Vallecchi, Firenze 1951.
Morante, Elsa, *La Storia*, Einaudi, Torino 1974.
Micheli, Silvio, *Tutta la verità*, Einaudi, Torino 1950.
Ottieri, Ottiero, *Memorie della incoscienza*, Einaudi, Torino 1954.
—, *La linea gotica*, Bompiani, Milano 1962.
—, *Donnarumma all'assalto*, Bompiani, Milano 1963.
—, *Tempi Stretti*, Einaudi, Torino 1964.
—, *Venditori di Milano*, Einaudi, Torino 1960.
Parise, Goffredo, *Il Padrone*, Feltrinelli, Milano 1965.
—, *L'assoluto naturale*, Feltrinelli, Milano 1967.
—, *Il crematorio di Vienna*, Feltrinelli, Milano 1969.
Pirandello, Luigi, *I quaderni di Serafino Gubbio operatore*, in *Tutti i romanzi di Pirandello*, Mondadori, Milano 1969.
Pirelli, Giovanni, *A proposito di una macchina*, Einaudi, Torino 1965.
Sereni, Vittorio, *Gli strumenti umani*, Einaudi, Torino 1965.
Verga, Giovanni, *I Malavoglia*, ne *I Grandi Romanzi*, Mondadori, Milano 1972.
Vallini, Edio, *Operai del Nord*, Laterza, Bari 1957.
Vittorini, Elio, *Conversazione in Sicilia*, prima a puntate sulla rivista "Letteratura" (1938-39), poi in volume, Einaudi, Torino 1941.
Volponi, Paolo, *Memoriale*, Garzanti, Milano 1962.
Warburg, Jeremy, *The Industrial Muse*, (The Industrial Revolution in English Poetry), Oxford University Press, London 1958.

II. Critica e Saggistica

AMICI, Gualtiero, *Il realismo nella narrativa da Verga a Mastronardi*, Ed. Ponte Nuovo, Bologna 1963.
AMOROSO, Giuseppe, *Sull'elaborazione di romanzi contemporanei*, Mursia, Milano 1970.
ANDERS, Gunther, *The World as Phantom and as Matrix*, in "Dissent", Inverno 1956.
ASOR ROSA, Alberto, *Scrittori e Popolo*, Samonà e Savelli, Roma 1969.
BARBERI SQUAROTTI, Giorgio, *La narrativa italiana del dopoguerra*, Cappelli, Rocca San Casciano 1965.
BERNSTEIN, Eduard, *Sozialismus und Demokratie in der grossen englischen Revolution*, Stuttgart 1908.
BLAUNER, Robert, *Alienation and Freedom*, (The factory worker and his industry), The University of Chicago Press, Chicago 1964.
BUZZI, Giancarlo, *La tigre domestica*, Vallecchi, Firenze 1964.
—, *Invito alla lettura di Tomasi di Lampedusa*, Mursia, Milano 1972.
CANTONI, Remo, *L'universo indecifrabile di Kafka*, ne *La coscienza inquieta*, Mondadori, Milano 1949.
CECCHETTI, Giovanni, *Il Verga Maggiore*, La Nuova Italia, Firenze 1968.
DARVALL, F., *Popular Disturbances and Public Order in Regency England*, Oxford University Press, London 1934.
DAVID, Michel, *Psicoanalisi nella cultura italiana*, Boringhieri, Torino 1966.
DE TOMMASO, Piero, *Arpino e le antinomie della coscienza operaia*, "Belfagor", n. 3, 31 marzo 1962.
DOBBS, Maurice, *Studies in the Development of Capitalism*, International Publishers, New York 1947.
FERRETTI, G.C. e R.M. DI MARCO, *Operai, piccoli borghesi in tre romanzi italiani: Una nuvola d'ira; Il giardino dei Finzi Contini; Conoscenza per errore*, ne "Il Contemporaneo", n. 46-47, marzo-aprile 1962.
FERRETTI, G.C., *Paolo Volponi*, La Nuova Italia, Firenze 1972.
FORTI, Marco, *Temi industriali della narrativa italiana*, ne "Il Menabò", n. 4, Einaudi, Torino 1961.
FORTINI, Franco, *Verifica dei poteri*, Il Saggiatore, Bologna 1965.
FRANK, Waldo, *The Re-discovery of America: An Introduction to a Philosophy of American Life*, Charles Scribner's Sons, New York and London 1929.
FRIEDMANN, Georges, *Où va le travail humain?*, Gallimard, Paris 1949.
FROMM, Erich, *Marx's Concept of Man*, Frederick Ungar Publishing Co., New York 1967.
GAZZOLA, Vanna, art. su Volponi, "Il Contemporaneo", Anno V, n. 48, maggio 1962.
GUARDINI, Romano, *Die Macht*, Werkbund Verlag, Würzburg 1965.
HOBSBAWN, E.J., *The Machine Breakers*, "Past and Present", Vol. 1, Feb. 1952.
—, *The British Standard of Living 1790-1850*, "The Economic History Review', Second Series, Vol. X, August 1957.
HOYT, Elizabeth, *Consumption in our Society*, McGraw-Hill Book Company Inc., 1938.
HUXLEY, Aldous, *Literature and Science*, Harper and Row, New York, Evanston and

London 1963.
LISTRI, Pier Francesco, intervista a P. Volponi, "La Nazione", 2 agosto 1975.
LUPERINI, R., recensione a *La Vita Agra* di L. Bianciardi, *Il Contemporaneo*, 56-57, gennaio-febbraio 1963.
MANACORDA, Giuliano, *Storia della letteratura italiana contemporanea (1940-1965)*, Editori Riuniti, Roma 1967.
MARCUSE, Herbert, *One-dimensional Man* (Studies in the ideology of advanced industrial society), Beacon Press, Boston 1968.
MARIANI, Gaetano, *La giovane narrativa italiana tra documento e poesia*, Le Monnier, Firenze 1962.
MARX, Karl, *Manoscritti economico-filosofici*, in *Opere filosofiche giovanili* (trad. it. di Galvano della Volpe), Editori Rinascita, Roma 1950.
MELE, Angelo, *Il realismo dopo Verga*, Istituto Editoriale del Mezzogiorno, Napoli 1960.
MONTALE, Eugenio, *L'uomo alienato*, "Il Corriere della Sera", 29 aprile 1962.
MORANDI, Rodolfo, *Storia della grande industria in Italia*, Bari 1931.
MORAVIA, Alberto, *Il comunismo al potere e i problemi dell'arte*, nel vol. *L'uomo come fine e altri saggi*, Bompiani, Milano 1964.
MUMFORD, Louis, *Art and Technics*, Columbia University Press, New York 1955.
PACKARD, Vance, *The Hidden Persuaders*, David McKay Company Inc., New York 1957.
PAPPENHEIM, Fritz, *The Alienation of Modern Man*, Modern Reader Press, New York, London 1968.
PASOLINI, Pier Paolo, art. su P. Volponi, in "Paese Sera", 13 aprile 1962.
PIZZORNO, A., *Alienazione e relazione umana nel lavoro industriale*, "Nuovi Argomenti", n. 8, maggio-giugno 1954.
PULLINI, Giorgio, *Volti e risvolti del romanzo italiano contemporaneo*, Mursia, Milano 1971.
RUSKIN, John, *The Nature of Gothic*, nel 2. vol. di *The Stones of Venice*, 1853.
RUSSI, Antonio, *Gli anni dell'autoalienazione*, Mursia, Milano 1967.
SACHS, Hanns, *The Delay of the Machine Age*, "Psychoanalytic Quarterly", II, 1943.
SALINARI, Carlo, *Una nuvola d'ira*, in "Vie Nuove", 8 marzo 1962.
SCALIA, Gianni, *Dalla natura all'industria*, "Il Menabò", n. 4, Einaudi, Torino 1961.
—, *Critica, Letteratura, Ideologia 1958-1963*, Marsilio Ed., Padova 1968.
SCHULZE-GAEVERNITZ, G. von, *Social Peace: A Study on the Trade Union Movement in England*, C. Scribner's and Sons, New York 1893.
SOMBART, Warner, *Socialism and the Social Movement in the 19th Century*, New York and London 1898 (trad. dell.'orig. ted. *Sozialismus und soziale bewegung im 19. jahrhundert*, G. Fischer, Jena 1896.
TESSARI, Roberto, *Il mito della macchina*, Mursia, Milano 1972.
TILGHER, Adriano, *Homo Faber*, Libreria delle Scienze e Lettere, Roma 1929.
TONDO, Michele, *Cronache di narrativa contemporanea*, Montemurro, Matera 1966.
TÖNNIES, F., *Gemeinschaft und Gesellschaft*, (1a ed. 1887; 2a ed. 1912).
TOYNBEE, Arnold, *The Industrial Revolution*, Beacon Press, Boston 1962.
TROELTSCH, Ernst, *Die Soziallehren der christlichen Kirchen und Grupper*, Tübingen 1923.
VARESE, Claudio, *Occasioni e valori della letteratura contemporanea*, Cappelli Ed.,

Rocca San Casciano 1967.
VENÉ, Gianfranco, *Letteratura e capitalismo in Italia*, Sugar, Milano 1963.
VITTORINI, Elio, *Tre operai che non fanno popolo*, "Il Bargello", VI, 29, 22 luglio 1934.
—, "Il Politecnico", n. 31-32, luglio-agosto 1946.
—, *Diario in Pubblico*, Bompiani, Milano 1957.
—, *Impariamo a conoscere gli scrittori italiani*, "Il Giorno", 24 febb. 1959.
—, "Il Menabò", n. 4, Einaudi, Torino 1961.
WEBB, Sidney and Beatrice, *Industrial Democracy*, Longmans Green, London 1920.
WEBER, Max, *Die protestantische Ethik und der Geist des Kapitalismus*, Krefeld 1928.
ZOLLA, Elémire, *Eclissi dell'intellettuale*, Bompiani, Milano 1959.
—, *Industria e Letteratura*, "Nuovi Argomenti", n. 35-36, Nov. 1958-Febb. 1959.

INDICE DEI NOMI

Alicata, M. 27.
Alighieri, D., 9.
Alvaro, C., 72.
Amici, G. 105.
Amoroso, G. 39.
Anders, G. 70.
Anderson, S. 33.
Arpino, G. 61-66, 81.
Asor Rosa, A. 25, 28, 42, 46.

Barberi Squarotti, G. 39, 71, 86, 88.
Baudelaire, C. 76.
Bernari, C. 38, 41-51, 65, 81, 109.
Bernstein, E. 19.
Bianciardi, L. 46, 72, 74, 76-77, 80-81, 83.
Bigiaretti, L. 81, 85-87, 89.
Blake, W. 19.
Blauner, R. 31.
Boccaccio, G. 23, 24.
Buzzi, G. 29, 72, 81-84, 130-135.
Byron, G.G. 20.

Calcivino, I. 16, 89-97.
Cantoni, R. 38, 41, 138, 140.
Cecchetti, G. 43.
Cena, G. 109.
Chaplin, C. 69.

Darvall, F.O. 19.
Davi, L. 10, 13, 149.
David, M. 126.
De Tommaso, P. 62, 63.
Della Volpe, G. 67.
Dickens, C. 67.
Dobb, M. 19.

Ferretti, G.C. 66, 121, 126, 127, 128.
Fofi, G. 149.
Forti, M. 16.
Fortini, F. 69.
Frank, W. 30.
Friedmann, G. 32, 68.

Fromm, E. 21.

Gazzola, V. 123.
Gorky, M. 33, 50-51, 53, 61.
Gramsci, A. 18.
Guardini, R. 70.
Guerrazzi, V. 10, 149.

Hobsbawn, E.J. 19.
Hoyt, E. 93.
Huxley, A. 25, 144.

Kafka, F. 72, 138.
Keats, J. 20.

Lampedusa, T. di 29.
Lawrence, D.H. 114, 115.
Listri, P.F. 129.
Luperini, R. 74, 75, 76.

Manacorda, G. 39, 45, 51, 121.
Marcuse, H. 21, 37.
Mariani, G. 61, 74.
Marx, C. 21, 29, 67-71.
Mastronardi, L. 97-98, 101, 104-106.
Mele, A. 45.
Meoni, A. 28.
Micheli, S. 41, 50, 55-56, 60-61.
Montaigne, M.E. de 22.
Montale, E. 69.
Morandi, R. 26.
Morante, E. 9, 11-15.
Moravia, A. 114, 115, 139.
Mozart, W.A. 22.
Mumford, L. 27.

Norris, F. 26.

Ottieri, O. 10, 35-36, 46, 71-72, 107-119, 134, 149.

Packard, V. 21, 36.

Pappenheim, F.   26, 69.
Parise, G.   14, 72-73, 135-149.
Pasolini, P.P.   120.
Pavese, C.   72.
Pirandello, L.   57, 72.
Pirelli, G.   73.
Pizzorno, A.   68.
Pratolini, V.   25, 71.
Pullini, G.   85, 86.

Ruskin, J.   70.
Russi, A.   71.

Sachs, H.   18, 19.
Salinari, C.   66.
Scalia, G.   16, 29, 30.
Schulze-Gaevernitz, G. von   19.
Sereni, V.   9, 11, 113.
Seward, A.   19.
Shelley, P.B.   20.
Soldati, M.   89.
Sombart, W.   19.
Svevo, I.   143.

Tessari, R.   40, 48, 72.
Testori, G.   71.
Tilgher, A.   30, 93, 141.
Tondo, M.   63, 64, 65.
Tönnies, F.   26.
Toynbee, A.   19.
Troeltsch, E.   19.

Vallini, E.   124.
Varese, C.   127.
Vené, G.   26, 34, 38, 41, 43.
Verga, G.   34, 43, 45.
Vittorini, E.   16, 24-29, 34, 40, 42, 50-51, 53-54, 108-109.
Volponi, P.   10, 35, 120-129, 134, 149.

Warburg, J.   19.
Webb, S. e D.   19.
Weber, M.   19.

Zola, E.   26, 33-35, 61, 67.
Zolla, E.   14, 16-24, 70-71.

STANFORD FRENCH AND ITALIAN STUDIES

I
MODES OF ART
Robert Greer COHN

Modes of Art is an original aesthetics, representing a personal philosophic vision, the same that has informed all of R.G. Cohn's critical writing, including the epoch-making *L'Oeuvre de Mallarmé: Un Coup de Dés*. Inspired by lucidly imaginative artists such as Baudelaire, Mallarmé, Joyce, Proust and visionary thinkers from Plato through Hegel to the modern phenomenologists, R.G. Cohn lays the foundations here for an integral critical work. In this volume, the basic epistemology is outlined, followed by its extension into the matrices for all the branching arts. There are lengthy discussions of the image, the symbol, letter-symbolism, musical tone, genre, poetic realism, impressionism and creative temper.

II
L'INDUSTRIA NELLA LETTERATURA ITALIANA CONTEMPORANEA
Michele LEONE

L'industria nella letteratura italiana contemporanea examines a representative selection of novels which reflect, ranging from the standpoint of the factory worker to that of the technocrat, the effects of industrialization on Italian society after the Second World War, especially during the 'miracolo economico italiano'. By bringing together such a broad range of narrative and socio-philosophical figures (E. Zolla, E. Vittorini, Carlo Bernari, S. Micheli, Giovanni Arpino, L. Bianciardi, G. Buzzi, L. Bigiaretti, Italo Calvino, Lucio Mastronardi, Ottiero Ottieri, etc.), this volume is a valuable contribution to the study of an important area of contemporary Italian literary history.

III
POPULAR CULTURE IN FRANCE
FROM THE OLD REGIME TO THE TWENTIETH CENTURY

A pioneering volume containing 16 papers given at two international conferences on French popular literature held in 1975 at Stanford University and at the University of Wisconsin. Contributions by leading scholars among whom Robert Mandrou, Marc Soriano, Eugene Weber, Lucienne Roubin.

IV
VIN ET SOCIETE A BERGERAC
DU MOYEN AGE AUX TEMPS MODERNES
Jacques BEAUROY

This study in social history examines the impact of viticulture on the development of an urban society in South West France during the Middle Ages and the Old Regime. It is an original and remarkable contribution to the history of French vineyards and of the Gascon wine trade. Based on private archives, it sheds light on the life of the 'vigneron', and of the owners of vineyards, an essential part of French society.

V
STRUCTURALIST AND TRANSFORMATIONALIST MORPHOLOGY
Alphonse JUILLAND

On the basis of a discussion of certain key issues in the analysis and interpretation of the Rumanian verbal system, this study confronts the descriptive and explanatory powers of the structuralist and transformational models in morphology, to conclude that differences between the two are 'stylistic' rather than substantive. It argues that most conflicting interpretations are not inherent in the descriptive and explanatory capacity of the two models, but are the result of circumstantial differences in their application.

also from Anma Libri:

MANUALE DI GRAMMATICA ITALIANA
in due volumi
di
Annamaria de Nicolais Napolitano
Maria Tessoni Devine

This grammar is designed for first and second year students of Italian. It is particularly suitable for use as a reference grammar to supplement instruction that is basically 'direct method', thus fulfilling a need often expressed both by students and by teachers. The explanations are simple and clear, and are accompanied by many examples and thorough exercises. Since the grammar is entirely in Italian, the wording of the explanations is carefully controlled so as never to exceed the level of language proficiency achieved by the student as he progresses.

LIBRARY OF DAVIDSON COLLEGE

Books on regular loan may be checked out for **two weeks**. Book